Mit dem Kamel durchs Nadelöhr

Nach einer Sendereihe
von **MDR FIGARO**

Doris Weber

Mit dem Kamel durchs Nadelöhr

Biblische Redewendungen im Alltag

EVANGELISCHE VERLAGSANSTALT
Leipzig

Die Deutsche Bibliothek – Bibliographische Informationen
Die Deutsche Bibliothek verzeichnet diese Publikation in der Deutschen Nationalbibliographie; detaillierte bibliographische Daten sind im Internet über <http://dnb.ddb.de> abrufbar.

Weitere Informationen zu den Programmen des **MDR** unter www.mdr.de

Printed in Germany · H 6912

Cover und Illustrationen: Georg Design, Münster
Typografie: Jochen Busch, Leipzig
Druck und Binden: AALEXX Druck GmbH, Großburgwedel

ISBN 3-374-02209-X
www.eva-leipzig.de

Vorwort

„Welches Buch hat Ihnen in Ihrem Leben den größten Eindruck gemacht?“ wurde Bertolt Brecht Ende der Zwanziger Jahre von einer Berliner Illustrierten befragt. Der Jung-Dramatiker, der gerade mit seiner „Dreigroschenoper“ einen sensationellen Publikumserfolg errungen hatte, antwortete: „Sie werden lachen: die Bibel“. Tatsächlich zitiert Brecht in seinem Stück über den Obergangster Mackie Messer und seinen Gegenspieler, den Bettlerkönig Peachum zahlreiche Motive, ja ganze Verse aus der Bibel. Brecht kannte seine Textvorlage genau. Schon der Junge Bertolt hatte es geliebt, wenn seine Großmutter aus der Bibel erzählte. Uns Heutigen dagegen, die meist nicht mehr so bibelfest sind, entgehen oftmals seine frechen Anspielungen und drastischen Bibel-Persiflagen. Ebenso wenig fallen uns die biblischen Bezüge in den Werken anderer Schriftsteller auf. Dabei spricht wohl jeder, wenn auch unbewusst, eine „biblische Sprache“. Denn Tausende von Redewendungen sind aus der Bibel in den deutschen Sprachschatz eingeflossen. Sie bereichern bis heute die Alltagssprache.

Im „Jahr der Bibel 2003“ hat es **MDR FIGARO**, das Kulturradio des Mitteldeutschen Rundfunks unternommen, Herkunft und Bedeutung dieser biblischen Redewendungen in einer Serie aufzuhellen. Die Autorin Doris Weber hat mit charmanter Klugheit und liebenswürdiger Ironie mehr als dreißig kleine kulturgeschichtliche Skizzen verfasst. Die große Resonanz, welche die Serie über biblische Redensarten bei den Hörern erfahren hat, ermutigt uns, sie jetzt auch in Buchform vorzulegen.

Michael Bajohr

Abteilungsleiter Kulturpublizistik, **MDR FIGARO**

Alle Jubeljahre einmal

3. Mose 25,8

Steuerreform, Gesundheitsreform, Rentenreform, die Kassen sind leer, der Schuldenberg wächst – überall nur Jammern und Klagen. Wo soll das noch hinführen? Politiker, Wirtschaftsexperten, Sozialwissenschaftler, alle zerbrechen sich den Kopf und nichts kommt heraus. Dabei liegt die Lösung verblüffend nahe. 3. Mose 25, Vers 8: *Und du sollst zählen sieben mal sieben Jahre, und du sollst die Posaunen blasen durch euer ganzes Land … und ihr sollt das fünfzigste Jahr heiligen und eine Freilassung ausrufen für alle, die darin wohnen.* Könnte das mal jemand im Bundestag laut vorlesen?

Das würde etwa so aussehen: An diesem Versöhnungstag greift der Kanzler zur Posaune oder zum Widderhorn, hebräisch „Jobel" genannt, und lässt einen Freudenschall über das ganze Land erklingen. Denn alle fünfzig Jahre, so war es Brauch bei den Israeliten, wurden sämtliche Schulden erlassen, damit das Volk nicht gänzlich in Armut versinke. Der im vorausgegangenen Zeitraum veräußerte Grund und Boden fiel wieder den ursprünglichen Besitzern zu, damit eine annähernd gleiche Verteilung des Grundbesitzes gesichert war. Eine wahrhaft soziale Idee, die in diesem Jobeljahr – dem Jahr, in dem das Horn erklang – verwirklicht wurde. Vielleicht hieß es auch Jabaljahr, weil Jabal hebräisch „Gabe bringen" meint, oder auch Jebulkjahr, da Jebulk soviel wie „Ertrag des Landes" bedeutet. Ob Jobel, Jabal oder Jebulk, Grund zum Jubeln hatte man in diesem Jahr allemal.

Papst Bonifatius der VIII. rief in Anlehnung an diesen alttestamentlichen Brauch ein Gnaden- oder Jubeljahr aus, in dem der schuldbeladene Katholik einen Berg ganz anderer Art abtragen durfte. Er bekam einen Sündenrabatt, denn dieses Jubeljahr brachte ihm einen besonders hohen Ablass. Ursprünglich sollte sich dieses Jubeljahr alle 100 Jahre wiederholen, doch dann verkürzten sich die Zeiträume aus vermutlich gegebenem Anlass bald auf 50, dann auf 33 und schließlich auf 25 Jahre. So viel Schuldenerlass, geschenkte Gnade. Da jauchzte und jubilierte die Seele, iubilum, iubilare – welch ein schönes Jubeljahr. „Iubilaeus annus", sagte der Lateiner und bildete bald daraus das Wort „Jubiläum", wann immer es Grund gab, die Posaune erschallen zu lassen.

Also, Herr Bundeskanzler, in Deutschland wäre doch ein Jubeljahr angebracht. Warum machen es unsere Politiker nicht so wie die alten Israeliten? Die Antwort liegt nahe: weil sie die Bibel nicht lesen und wenn doch, dann höchstens alle Jubeljahre einmal.

Als Lückenbüßer herhalten

Jesaja 58,12

Eine wahre Geschichte: Eines Tages stürmte ein Mann in die Redaktion einer Lokalzeitung und verlangte aus dem Archiv den Zeitungsband des Monats Februar aus dem Jahr 1978. Seine Hände zitterten, während er eilig blätterte. Er wollte wissen, an welchem Tag genau in diesem Jahr Aschermittwoch gewesen sei. Seine Frau habe ihm soeben in einem furchtbaren Streit erklärt, dass seine Tochter nicht seine Tochter sei, sondern das Resultat einer Karnevalsaffäre. „Du warst immer nur der Lückenbüßer!" hatte sie ihn angeschrieen.

Ein Lückenbüßer – das will niemand gern sein. Denn das Wort bedeutet, nur die zweite Wahl zu sein. Eigentlich hätte es an seiner

Stelle jemand Besseren gegeben. Ein anderer sollte das Spiel machen, aber der war leider verhindert, also musste man auf den Lückenbüßer auf der Ersatzbank zurückgreifen.

Aber warum und wofür muss der Lückenbüßer eigentlich büßen? Für eine Lücke, die er nicht einmal verursacht hat? Im Gegenteil, der Lückenbüßer füllt sogar die leere Stelle, die ein anderer hinterlassen hat. Eigentlich ist ein Lückenbüßer doch ein guter Mensch, denn ohne ihn bliebe eine Lücke. Ist es denn tatsächlich so beschämend, gar eine Strafe, wenn man für einen anderen Menschen einspringt – und dabei möglicherweise noch etwas Gutes bewirkt? Vielleicht handelt es sich bei der Interpretation dieser Redensart schlicht um eine Wissenslücke. Büßen, das hieß zur Zeit der Bibelübersetzung Martin Luthers nämlich nicht nur „bestraft werden" oder „Schuld abtragen". Es bedeutete auch ganz einfach reparieren, wiederherstellen, ausbessern, auffüllen.

Als die aus der babylonischen Gefangenschaft nach Israel heimgekehrten Juden unter dem Statthalter Nehemia erst den Tempel und dann die Stadtmauer Jerusalems wieder aufbauten, hieß es in einer Prophezeiung bei Jesaja: *Und es soll durch dich wieder aufgebaut werden, was lange wüst gelegen hat, und du wirst wieder aufrichten, was vor Zeiten gegründet ward, und du sollst heißen: „Der die Lücken zumauert und die Wege ausbessert, dass man da wohnen könne"*. An anderer Stelle steht geschrieben: *Wir bauten die Mauer und schlossen die Lücken bis zur halben Höhe. Und das Volk gewann Mut zu arbeiten.* Ist es so gesehen nicht wunderbar, ein Lückenbüßer zu sein?

Der Mann in dem Archiv legte nach einiger Zeit den Zeitungsband wieder ins Regal. „Ich liebe meine Tochter", sagte er, „und sie liebt mich." Es machte ihm plötzlich nichts mehr aus, ein Lückenbüßer zu sein.

Alt wie Methusalem

1. Mose 5,25

Er gehört ins Guinessbuch der Rekorde, denn kein Mensch auf Erden wurde je so alt wie Methusalem – 969 Jahre. Damit steht die moderne Fitnessgesellschaft vor einem Rätsel. Was tun wir nicht alles, um möglichst alt zu werden und dabei für immer jung zu bleiben. Hat Methusalem jeden Tag eine Knoblauchzehe verzehrt, aß er Tofu statt Fleisch, ging er ins Sportstudio und dreimal in der Woche zum Joggen? Wir wissen es nicht. Methusalem nahm das Geheimnis seines langen Lebens mit ins Grab. Man behauptete sogar, das beruhe lediglich auf einem Rechenfehler und dass damals anstelle von Jahren in Monaten gezählt wurde. Dann wäre Methusalem bei 969

Monaten gut 80 Jahre alt geworden. Aber im Alter von 187 Jahren zeugte er seinen ersten Sohn Lamech und wenn man hier erneut die Monate in Jahre umrechnet, dann wäre Methusalem mit 15 Jahren Vater geworden. Er war jedoch ein alter Vater, seine Geschlechtsgenossen zeugten ihre Söhne und Töchter weit früher. Würde man deren Alter in Monaten und nicht in Jahren rechnen, dann wären sie bei der Geburt ihrer Kinder nur vier oder fünf Jahre alt gewesen, und das war selbst im Alten Testament nicht möglich. Es bleibt dabei: Methusalem wurde 969 Jahre alt und sein Enkel Noah ist der zweitälteste Mann in der Bibel. Mit einer Lebenszeit von 950 Jahren blieb er um 19 Jahre hinter seinem Großvater zurück. Es scheint also in der Familie zu liegen, eine besondere Veranlagung zum Altwerden, eine genetische Disposition. Apropos genetisch, wir alle könnten bald so alt wie Methusalem werden. Die Gentechnik ist gerade dabei, das menschliche Erbgut zu entschlüsseln und zu verändern, der Stoff, aus dem sich die Träume der Unsterblichkeit nähren, wurde

Dem lieben Opa zum
669. Geburtstag.
Deine Enkel, Urenkel,
Ururenkel, Ururur-
enkel, Urururrurenkel,
Urururururenkel,
urururuuururenkel
...

soeben entdeckt. Der molekulare Jungbrunnen heißt Telomerase, ein Eiweiß, das die menschliche Zelle nicht altern lässt. Nicht mehr lange, versprechen namhafte Genforscher, und wir können unsere biologische Uhr anhalten. Wer dann mit 400 Jahren stirbt, hat vom Leben nicht viel gehabt. Aber bei 1000 Jahren muss Schluss sein, dieses Alter ist nur den Göttern vorbehalten. Also uns allen. Denn im Zeitalter der Gentechnik können wir selbst zum Schöpfer von Mensch und Natur werden, unsere eigenen Götter. Deshalb gebühren uns mindestens 1000 Jahre hier auf Erden, wenn nicht sogar das ewige Leben. Alt wie Methusalem? Das würde bald niemand mehr sagen. In einer Todesanzeige könnte dann stehen: „Er wurde im Alter von 969 Jahren mitten aus dem Leben gerissen, im zarten Methusalem-Alter, in der Blüte seiner Jugend."

Auge um Auge, Zahn um Zahn

2. Mose 21,24; Matthäus 5,38–40, 44

In seiner berühmten Bergpredigt sagt Jesus: *Wenn dich jemand auf deine rechte Backe schlägt, dann biete auch die andere dar. Und wenn jemand mit dir rechten will und dir deinen Rock nehmen, dem lass auch den Mantel.* Also wirklich, lieber Herr Jesus, in welcher Zeit leben wir denn? Da merkt man doch, dass Ihnen jegliche Erfahrung von öffentlicher Kindergarten- und Schulerziehung fehlt. Lass dir nichts gefallen, wehr dich, schlag zurück! Das ist das Credo unserer modernen Erziehung. Können Sie sich vorstellen, Ihr achtjähriger Sohn fragt, bevor er morgens aus dem Haus geht: „Was soll ich bloß machen, wenn der dicke Lars, der aussieht wie ein Lastwagen, mir heute wieder eine Ohrfeige verpasst?"

Würden Sie ihrem Sohn dann raten: „Dann halte ihm auch die andere Backe hin?“ Das kann ja wohl nicht wahr sein, denn aus Ihrem Kind würde heutzutage nie etwas.

Lieber Herr Jesus, Sie kennen doch das Alte Testament viel besser als ich. Dort steht geschrieben: *Auge um Auge, Zahn um Zahn.* Das leuchtet mir ein. Ich muss gestehen, wenn meinem Sohn im Kindergarten, in der Schule, auf der Straße, wo auch immer, ein Zahn ausgeschlagen wird, dann hoffe ich, dass dessen Vergeltung seinen Feind mindestens drei Zähne kostet. Mein ist die Rache, und zwar doppelt und dreifach. „Das hast du falsch verstanden“, klärt mich eine jüdische Kollegin auf. Auge um Auge, Zahn um Zahn – das bedeutet im Alten Testament nicht die Forderung nach doppelter Rache, Härte und Grausamkeit. Ganz im Gegenteil zielt es gerade darauf ab, exzessive Rachegelüste zu zügeln und heißt: nur ein Auge um ein Auge, einen Zahn um einen Zahn und keine Gewalt darüber hinaus. Genau genommen geht es in diesem Rechtssystem um die Verhältnismäßigkeit der Mittel, um eine angemessene Bestrafung oder Wiedergutmachung für begangenes Unrecht.

Aber selbst das, lieber Herr Jesus, ist Ihnen noch nicht friedlich genug. In Ihrer Bergpredigt kommen sie nämlich auf jene Stelle im Alten Testament zurück und erklären: *Ihr habt gehört, dass gesagt ist: „Auge um Auge, Zahn um Zahn". Ich aber sage euch, dass ihr nicht widerstreben sollt dem Übel.* Und an anderer Stelle gehen Sie noch viel weiter, da fordern Sie sogar: *Liebet eure Feinde und bittet für die, die euch verfolgen.* Also ehrlich, lieber Herr Jesus, wo leben wir denn? Denken Sie doch bitte noch einen Augenblick nach: Wo kämen wir denn hin auf dieser Welt, wenn das alle tun würden?

Aus seinem Herzen keine Mördergrube machen

Matthäus 12,34, 21,13; Prediger 21,29

Das Herz ist die Mitte des Menschen. Das Haus, in dem die Gefühle wohnen. Es kann groß sein und es kann klein sein, es kann lachen. Man kann es für jemanden entdecken, man kann es verschenken, man kann jemanden daran drücken, man kann es in der Hand und auf der Zunge tragen. Man kann seinem Herzen einen Stoß geben, es kann vor Freude hüpfen, und es ist darauf zu achten, dass es nicht in die Hose oder, noch tiefer, in die Schuhe rutscht. Besser ist es, man trägt das Herz am rechten Fleck. Man kann etwas in ihm bewegen, dann kann es höher schlagen und sogar einem anderen zufliegen, aber: Das Herz kann bluten und es kann brechen. Man kann sein Herz zuschnüren, aber man kann es auch ausschütten, zum Beispiel, wenn man zuviel auf dem Herzen hat.

Bei Matthäus heißt es: *Wes das Herz voll ist, des geht der Mund über.* Da läuft das Herz über. Aber man muss aufpassen, dass es nicht zu Verwechslungen kommt, denn so heißt es weiter in der Bibel bei Prediger 21: *Die Narren haben ihr Herz im Maul, aber die Weisen haben ihren Mund im Herzen.*

Man kann sogar jemand anderem aus dem Herzen sprechen. Vieles kann man also mit dem Herzen machen, aber eine Mördergrube kann nicht daraus werden – davon zumindest steht nichts in der Bibel. Es war nämlich so, dass Jesus in den Tempel ging, alle Geldwechsler und Händler hinaustrieb und sprach: *Es steht geschrieben: „Mein Haus soll ein Bethaus heißen"; ihr aber macht eine Räuberhöhle daraus.* Es ging um die Heiligkeit des Jerusalemer Tempels, um den Protest Jesu gegen dessen Missbrauch. In der lateinischen Bibel soll es noch geheißen haben: *Ihr macht aus einem Bethaus eine Spelunca latronum,* was soviel wie Halunkenhaus bedeutet. Luther übersetzte das dann in „Räuberhöhle“ und der Volksmund machte daraus, warum auch immer, das Wort „Mördergrube“.

Wer heute also sagt, dass er aus seinem Herzen keine Mördergrube machen will, wendet lediglich ein geflügeltes Wort biblischen Ursprungs an. Doch er handelt damit durchaus nach der Bibel, denn er will die Wahrheit nicht verschweigen. Wer hingegen aus seinem Herzen eine Mördergrube macht, der tötet die Wahrheit und füllt sein Herz mit Lügen an. Und die machen bekanntlich das Herz schwer wie Stein und können es sogar verschließen. Manch einer stirbt daran, mordet sich selbst mit seinen eigenen Lebenslügen. Deshalb rate ich Ihnen: Machen Sie ihrem Herzen Luft.

Das Land, wo Milch und Honig fließen

2. Mose 3,7 f.; 4. Mose 13,27

„Trink deine Milch“, sagte Tante Gertrud, „Milch macht schön von innen. Und Honig macht schön von außen“, belehrte sie uns Mädchen weiter und trug dabei mit einem Pinsel eine dicke Honigmaske auf ihr Gesicht auf. Wir fanden sie so schön wie Milch und Honig. „Milch und Honig, Eierpfannkuchen mit Zucker und Zimt, Vanillepudding mit Schokoladensoße, Brötchen mit Leberwurst, das macht froh“, sagte Tante Gertrud. Himmlisch, bei ihr flossen die Gaben in Strömen. Milch und Honig, direkt aus dem Herzen und im satten Überfluss. Ihre Küche war unser Schlaraffenland, ein Ort, an dem es sich gut leben ließ. Unser gelobtes Land.

Tante Gertrud war unsere irdische Vorahnung auf das Paradies. Denn dort ist das Land, wo Milch und Honig wirklich fließen – das himmlische Jerusalem. Im christlichen Denken gehören dazu zwölf Flüsse mit Milch und Honig. In einer anderen Vision sah man vier Flüsse, gefüllt mit Honig, Milch, Wein und Öl. Der Honigstrom ist der Ort der Propheten, der Milchfluss gehört den unschuldigen Kindern und reinen Seelen. Deshalb wurden Milch und Honig als reinigende Elemente bei der christlichen Taufe verwendet. Um 600 nach Christi Geburt starb dieser Brauch aus. Seitdem fließt Wasser über den Kopf des Täuflings – Wasser als Zeichen des Lebens. Wahrhaftig und unverfälscht soll die Seele sein, von reinstem Wasser wie der wasserhelle Glanz eines Edelsteins. Viel später dann ist so manche Seele mit allen Wassern gewaschen und der Glanz des Edelsteins verblichen.

Hätte man vielleicht doch besser bei Milch und Honig bleiben sollen? Die Bibel schwärmt immer wieder von dem weiten Land, wo Milch und Honig fließen. Gott selbst führte das un-

MILK&HONEY

terdrückte Volk der Israeliten in das Gebiet der Kanaaniter, Hetiter, Moriter, Perisiter, Hewiter und Jebusiter. Bis heute ist so mancher großmächtige Politiker auf der Suche nach dem gelobten Land. Vor nicht langer Zeit glaubte man es gefunden zu haben, nicht im Vierstromland wie in den Visionen um das himmlische Jerusalem, sondern im Zweistromland, nach den Visionen mächtiger Wirtschaftsimperien, die sich das Paradies auf Erden erobern wollen, im heutigen Irak. Dort fließt das Öl im Überfluss, und statt Milch und Honig gibt es Blut und Tränen.

Das Salz der Erde

Matthäus 5,13; Kolosser 4,6

Salz ist Leben: Vor Millionen von Jahren war unsere Erde mit dem Salzwasser der Urmeere bedeckt. Daraus entwickelte sich alles Leben. Das Leben eines Menschen entsteht im Fruchtwasser der Gebärmutter, in einer 37 Grad warmen einprozentigen Wasser-Salz-Lösung. Eine männliche Samenzelle besteht aus 99 Prozent Wasser und zu einem Prozent aus Salz. Dieses Mischungsverhältnis entspricht dem der Urmeere.

Der Mensch könne ohne Gold, nicht aber ohne Salz leben, schrieb ein römischer Schriftgelehrter. Die Ägypter balsamierten vor 5000 Jahren ihre Toten damit ein. Die Römer entlohnten ihre Legionäre mit Salz. Neben Kupfer, Gold und Eisen ist Salz die Quelle wirklichen Wohlstands. Bayern und Salzburg lieferten sich noch im 17. Jahrhundert blutige Schlachten um diesen kostbaren Stoff.

Neu erbaute Häuser werden mit Salz gesegnet. Wer genug Salz im Haus hat, dem mangelt es nie an Geld und Macht. „Kinder armer oder geiziger Eltern sterben an Salzmangel und bekommen blasse, dicke Leiber", schrieb vor hundert Jahren Friedrich Eberhard von Rochow, Herausgeber pädagogischer Schriften.

Salz ist eine Medizin gegen Schwächezustände, Blutarmut, Kopfschmerzen, Erkrankung der Atemwege, Hautleiden, Gicht und Arthrose sowie ein hervorragendes Mittel zur Mund- und Zahnhygiene, gegen Fußpilz und Hühneraugen. Salz macht schön, vor allem, wenn es aus dem Toten Meer oder vom Himalaya kommt. Es muss jedoch 250 Millionen Jahre alt sein.

Salz und Brot teilen ist Sinnbild der Gastfreundschaft. Wer mit jemandem einen Scheffel Salz gegessen hat, kennt ihn genau. Wer jemandem das Salz in der Suppe nicht gönnt, gilt als neidisch, und wer einem anderen die Suppe versalzt, ist gemein. Wer Salz auf dem Tisch verstreut, kündigt Streit, Zank und Tränen an. Und wer die eigene Suppe versalzt, ist verliebt. Ein salzloses Dasein ist ein verfehltes, unerfülltes, liebesleeres Leben. Wer das Salz holt, wenn die Eier gegessen sind, der kommt zu spät. Und wer Salz ins Meer bringt, trägt Eulen nach Athen.

Salz schärft den Verstand, deshalb schrieb schon der Apostel Paulus: *Eure Rede sei allezeit freundlich und mit Salz gewürzt, dass ihr wisst, wie ihr einem jeden antworten sollt.* Lösen sich Salzkristalle in Wasser auf, entsteht Sole. Verdunstet sie, erhält man wieder Salz. Denn Salz bleibt immer Salz, es ist der Inbegriff für Treue.

Die sich selbst treu bleiben, ein wahrhaftiges, sinnerfülltes und liebevolles Leben führen, sind die Würze der Schöpfung. Sie sind das Salz der Erde.

Den Seinen gibt's der Herr im Schlaf

Psalm 127,2

Für mich war diese Bibelstelle immer das Hohelied der Faulheit. Eine Anleitung zum Müßiggang: *Es ist umsonst, dass ihr früh aufstehet und hernach lange sitzet und esset euer Brot mit Sorgen; denn seinen Freunden gibt er es im Schlaf.* Wunderbar, dachte ich. Also habe ich in Ruhe ausgeschlafen, bin dann ins Schwimmbad gegangen, habe mich um nichts gesorgt, und was kam dabei heraus – Mathematik Fünf. Ich gehörte anscheinend nicht zu seinen Freunden. Den *Seinen* gibt's der Herr im Schlaf, mir nicht. Aber Bärbel, die hatte ich noch nie eine einzige Vokabel lernen sehen, doch immer stand sie in Englisch auf Eins. Sie bekommt's im Schlaf. Mir schien, der Herr ist ungerecht!

„Es gibt zwei Sorten von Menschen", hat meine Mutter immer gesagt, „die einen, die arbeiten, und die, die nichts tun. Entscheide dich, wozu du gehören willst." Nach langjähriger Beobachtung bin ich zu dem Schluss gekommen, dass es noch eine dritte Sorte von Menschen geben muss, und dazu würde ich gern gehören. Das sind Leute, die ich beneide. Sie tun ihre Arbeit ohne Jammern und ohne viel Geschwätz. Sie sind sympathisch und entspannt, weil kein falscher Ehrgeiz an ihnen nagt. Sie essen ihr Brot mit Freuden, weil sie ihre Freizeit, ihre Familie, ihre Freunde genauso gern haben wie ihren Beruf. Sie sind mit sich zufrieden, blähen sich nicht auf, sind nicht auf der Jagd nach Komplimenten. Sie schlafen gut, den Schlaf der Gerechten.

Ursprünglich hieß es in der Bibel: *Den Gerechten gibt's der Herr im Schlaf.* Nicht Karriere, nicht Geld oder Ruhm sind damit gemeint. Diesen Reichtum, wie ihn die Bibel meint, empfangen wir am besten im Schlaf, wenn Ruhe ist, in uns und um uns herum. Vielleicht ist ja bei Gott alles umgekehrt. Tagsüber, wenn wir mit zu vielen Dingen beschäftigt sind, schläft er, denn wer hat schon Zeit, sich im Lärm der Welt mit ihm zu befassen? Und nachts, wenn wir schlafen, ist er wach, denn in der Stille ist das Wesentliche besser zu hören und zu sehen.

Nächste Woche reise ich nach Italien. Ich liebe dieses Land, seine Menschen, die Sprache. Schon seit 15 Jahren versuche ich Italienisch zu lernen – es gelang mir nie. Aber neulich fand ich in einer Buchhandlung eine Kassette, die brauche ich nur in den Rekorder zu legen und dann einzuschlafen. Per Hypnose, so verspricht mir der Beipackzettel, würde ich die Sprache im Schlaf lernen. Bravo, benissimo! Wusste ich es doch: *Den Seinen gibt's der Herr im Schlaf.* Grazie, lieber Gott.

Der Stein des Anstoßes

Jesaja 8,14

Natürlich hat das nichts mit Fußball zu tun, sonst hieße es ja nicht Stein, sondern Ball. Aber dass nach dem Anstoß etwas in Bewegung, ins Rollen kommen soll, sogar ein Stein, das könnte schon gemeint sein. Irgendjemand taucht plötzlich auf in einer festgefahrenen Welt und sagt etwas Anstößiges, man fühlt sich gekränkt, beleidigt, möchte ihn vor die Tür setzen, damit wieder Ruhe und Ordnung herrscht. Vielleicht war das Gesagte, das Anstößige die Wahrheit. Aber wer will schon die Wahrheit hören?

Jesus war so ein Stein des Anstoßes, ein permanenter Anlass zum Ärgernis. Wo er hinkam, gab es Zoff. Da blieb kein Stein auf dem anderen. Jesus, der Revolutionär, der alles in Frage stellte und den Leuten alles auf den Kopf zusagte, gab den Anstoß zur Wahrheitsfindung. Vor Autoritäten fürchtete er sich nicht. So wird er in der Bibel an verschiedenen Stellen nicht nur als *Stein des Anstoßes* bezeichnet, sondern sogar als ein *Fels des Ärgernisses.* Man könnte es auch als Kompliment auffassen.

Aber es gibt auch andere Beispiele für diese Redewendung. Im ostpreußischen Pillkallen etwa stritten sich im Jahr 1822 zwei Verwandte vor Gericht um das Eigentumsrecht an einem großen Stein. Der Richter schlug folgenden Vergleich vor: Der Stein solle keinem von beiden gehören, sondern vor der Schwelle des Gerichtsgebäudes unter dem Namen „Stein des Anstoßes" eingelassen werden, damit jeder dadurch gemahnt werde, das Gericht nicht wegen einer solchen Lappalie zu behelligen.

Oder in Bremen: Nachdem Gesche Gottfried, genannt „Gesina, die Teufelsbraut", mit ihren Arsenik-Giftmischereien unzählige Personen aus ihrer engeren Umgebung ins Jenseits befördert hatte, wurde sie am 21. April 1831 öffentlich enthauptet. Und an der Stelle des Domshofes zu Bremen, an der einst das Schafott stand, befindet sich im Pflaster ein eingesetzter Basaltstein mit einem eingemeißelten Kreuz. Noch heute spuckt man beim Vorübergehen auf diesen Stein.

Köln ist mit Steinen des Anstoßes geradezu gepflastert. Steine aus Messing mit eingravierten Namen wurden vor Häusern verlegt, aus denen die Nazis im Dritten Reich die jüdischen Bewohner in den Tod deportierten. Diese Steine des Anstoßes liegen da wie stumme Zeugen – und bringen doch bei den Menschen viel ins Rollen.

Den Teufel mit dem Beelzebub austreiben

Matthäus 12

An dieser Stelle muss ich einen schweren Verdacht äußern: Es fällt mir nicht leicht, dies zu sagen, aber ich glaube, unsere Gesellschaft ist vom Teufel besessen. Diese Personifizierung des Bösen, dieser Satan, der die ganze Welt verführt, hat auch unseren Zeitgeist verwirrt. Sprache ist verräterisch. Seien wir doch einmal ehrlich, liebe Geschlechtsgenossinnen, so ein Teufelskerl – cool, gestylt, mit jenem verächtlichen Zug um den Mundwinkel – macht uns Herzrasen, den finden wir teuflisch gut. Oder etwa den, den der Teufel reitet – durch geschlossene Ortschaften im Cabriolet mit 180 und muskelbepackt –, da ist der Teufel los. Anders als so eine Schlaftablette, die sich in

Therapie- und Männergruppen um Einfühlung und Kindererziehung müht. So ein Frauenversteher. Weichei. Der soll sich zum Teufel scheren.

Oder Herr X, seinen Namen will ich hier nicht nennen, zockt an der Börse auf Teufel komm raus und ist hinterm Geld her wie der Teufel hinter der armen Seele. Kürzlich hatte er einen Herzinfarkt und ist dem Teufel gerade noch von der Schippe gesprungen.

Nein, ich will den Teufel nicht an die Wand malen. Aber käme Jesus jetzt noch einmal in unserer Gegend vorbei, er hätte viele Besessene zu heilen. Und wie damals würden ihm seine Feinde nachsagen, dass er den Teufel mit dem Beelzebub austreibe, also ein Übel durch ein noch schlimmeres Übel beseitige. Weil man, zum Teufel noch mal, damals wie heute die Wahrheit nicht sehen will.

Aber warum Beelzebub? In der Bibel trägt der Teufel den Spottnamen *Beelzebul* oder *Beelzebub*, was mit „Herr der Fliegen" übersetzt werden kann. Fliegen sind Übeltäter, Überträger von Krankheiten, vereinzelt ist man auch der Ansicht, sie seien nicht von Gott, sondern nach dem Sündenfall vom Teufel zur Plage der Menschheit erschaffen worden. In Wirklichkeit jedoch soll es sich bei dem Wort Beelzebub um den Namen des heidnischen Gottes Baal-Zebul, daher auch Beelzebul, handeln, das bedeutet „erhabener Herr". Er galt bei den Juden als Anführer der Dämonen.

Aber ob das alles so stimmt, das weiß der Teufel – und der steckt ja bekanntlich im Detail.

Der Kelch möge vorüberziehen

Matthäus 26,39

Er war ein Mensch aus Fleisch und Blut. Er war kein Held, vielleicht ein besonderer Mensch mit besonderen Eigenschaften. Aber er war – so wollte er es selbst – nichts Besonderes. Er konnte lachen, weinen, zornig und fröhlich sein. Er war einer von uns. Jesus, der Menschensohn. Wie sehr er zu uns Menschen gehörte, zeigt die qualvolle Nacht im Garten Getsemani. Pontius Pilatus hatte ihn zum Tode verurteilt und am folgenden Tag sollte er gekreuzigt werden. Jesus hatte Angst, er schwitzte Blut und Wasser. Und er betete: *Vater ist es möglich, so gehe dieser Kelch an mir vorüber.* Es war der Tiefpunkt seines Lebens, er war einsam, verlassen und verzweifelt. In Todesangst schrie er um Hilfe. Menschlicher kann man einen Menschen nicht antreffen. Der Inhalt des Kelches, den er nicht trinken mochte, war sein Schicksal, in das er sich nicht fügen wollte.

Möge der Kelch vorüberziehen. Dieser Satz ist bis heute eine Bitte geblieben, einen schweren Weg nicht gehen zu müssen. In der Antike tranken die Teilnehmer eines Gastmahls nicht aus einem eigenen Becher, sondern aus einem gemeinsamen Kelch, der an der Tafel herumgereicht wurde. Wenn der Wein zu sauer schien, dann ließ so mancher Gast den Kelch vorüberziehen. Der Verurteilte musste seinen Todestrunk aus dem Schierlingsbecher nehmen.

Kelch ist ein uraltes Lehnwort der Weinbauern nach dem lateinischen *calix,* dem „Trinkbecher“. Wer aus einem Kelch, den er lieber vorüberziehen ließe, dennoch trinkt, der steht eine unangenehme Sache bis zum bitteren Ende durch. Das Alte Testament spricht bei der Ankündigung eines Unheils mehrfach von einem „Zornbecher“ Gottes, der bis zur Neige zu leeren ist. Der Herr hat einen Becher in der Hand, der mit starkem Wein bis zum Rand gefüllt ist. Und die Gottlosen auf Erden müssen aus diesem Zornbecher trinken und sogar die Hefe, den Bodensatz, schlürfen.

Wenn wir heute bitten, der Kelch möge vorüberziehen, dann sehen wir etwas Furchtbares auf uns zu kommen, etwas Schreckliches, das wir abwenden wollen. Der Inhalt des Kelches, den wir trinken sollen, kann bitter, vielleicht sogar tödlich sein. Wer jedoch schon beim sonntäglichen Besuch der Schwiegermutter hofft, der Kelch möge an ihm vorüberziehen, unterliegt allerdings einem Irrtum, denn es geht dabei wahrlich nicht um einen Kelch – allenfalls um ein simples Tässchen Kaffee.

Der Tanz um das goldene Kalb

2. Mose 32

Das goldene Kalb hat heute vier Räder und 120 PS. Er wäscht, poliert und streichelt es; wenn es bei ihm ist, fühlt er sich stark und selbstbewusst – ohne sein goldenes Kalb ist der moderne Mensch ein Nichts.

Aaron war der ältere Halbbruder von Moses, beide führten das Volk Israel aus der Knechtschaft der Ägypter durch die Wüste. Aaron war ein brillanter Redner, aber verlassen konnte sich Moses nicht auf ihn. Einmal, als Moses auf dem Berg Sinai bei Gott verweilte, weil er die Gesetzestafeln entgegennehmen sollte, murrte das ungeduldige Volk, wo er denn bliebe. So sagten sie zu Aaron: *Auf, mach uns einen Gott, der vor uns hergehe!*

Denn wir wissen nicht, was diesem Mann Mose widerfahren ist. Und Aaron gab dem Drängen tatsächlich nach, sammelte alle goldenen Ohrringe ein und ließ daraus eine Figur gießen – das goldene Kalb. Die Israeliten rissen sich die Kleider vom Leib und tanzten im besinnungslosen Rausch um das Kalb herum, das so phantastisch glänzte und blendete. Moses, ihr Führer, war weg. Sie kamen nicht auf den Gedanken, ihr Leben und ihr Schicksal selbst in die Hand zu nehmen, den Weg in die Unabhängigkeit allein zu riskieren. Stattdessen schufen sie sich eine neue Autorität, einen falschen Gott, einen Götzen, der ihnen Sinn und Lebensinhalt sein sollte. Als Moses nach 40 Tagen vom Berg Sinai zurückkehrte, traute er seinen Augen nicht. Entsetzt zerstörte er das goldene Kalb – denn sein Volk verehrte ein Bild, eine Imagination, eine Täuschung. Geblendet vom Gold war ihnen die eigene Wahrheit abhanden gekommen, das goldene Kalb, das ihnen Glück, Freiheit und Reichtum verhieß, war in Wirklichkeit nichts als eine Wahnvorstellung. Eine

Illusion, die alles versprach und nichts davon hielt.

Aber meine 120 PS, mein Öl, meine Panzer, meine Macht, meine Grundstücke, meine Häuser, meine Luxusjacht, meine Frauen, meine Diamanten? Das alles, ist das etwa nichts? Nun ja, es ist alles, was man im Leben so haben kann – aber wenn es wirklich darauf ankommt, ist es nichts.

Der wahre Jakob

1. Mose 27

„Am nächsten Morgen sah Hans wie ein Haufen Elend aus – ob er sein Ziel erreichen wird?" fragt der unbekannte Autor in seinem Reisetagebuch besorgt. Dabei ist Hans zu Fuß quer durch Europa bis nach Nordspanien gegangen, um endlich in Santiago de Compostela am Grab des heiligen Jakobus, des spanischen Nationalheiligen, zu verweilen. Noch 20 Kilometer und Hans hätte es geschafft. Über 70 000 Menschen aller Nationalitäten begeben sich jährlich auf eine der größten Wallfahrten der Welt, und so kurz vorm Ziel gibt Hans auf. Vielleicht haben ihm nächtliche Zweifel die letzten Kräfte geraubt. Sind es wirklich die Gebeine des *wahren Jakob,* die er nach mühevoller Wanderschaft in Santiago de Compostela verehren wird? Denn es gibt auch falsche Jakobsgräber, wohin wohl bequemere Menschen pilgern, denen die Wallfahrt nach Spanien zu beschwerlich ist. Und es gibt andere Kirchen – zum Beispiel in Monte Grigiano in Italien –, die behaupten, auch sie seien im Besitz der Gebeine Jakobs. Wer hat letztlich Recht? Claro, meinen die Spanier, unser Jakob ist der richtige Mann, der einzig Richtige, der wahre Jakob.

Viel weiß man nicht über ihn. Von Beruf Fischer, gehörte er sozusagen zur engsten Apostelschar um Jesus. Wenn Jesus Wunder wirkte, war Jakob dabei. Doch als Jakob selbst einmal um ein Wunder bat, nannte Jesus ihn einen Donnersohn. Dabei wollte er doch nur ein bisschen Feuer und Vernichtung für jene unfreundlichen Leute, die sich geweigert hatten, die Jünger in ihr Haus aufzunehmen. Im Jahr 44 ließ Herodes Aggripa I. ihn enthaupten.

Nach dem authentischen Reisebericht über die Gebeine des wahren Jakob nach Galizien legten die Jünger den Leichnam Jakobs auf ein Schiff und ein Engel steuerte es nach Spanien. Am Ende der Milchstraße – des milky-way, wie der Jakobsweg auch genannt wird – liegt das Sternzeichen des großen Hundes. Dort nahm man den Leichnam vom Schiff und legte ihn auf einen Stein. Dieser wurde weich wie Wachs und formte einen Sarg um den Leib des Jakobus. Begraben wurde er dann, wie glaubhaft versichert wird, in Santiago de Compostela. Der Ort liegt nahe bei Finisterre, das heißt „Ende der Welt", an der Costa da morte, der „Küste des Todes". Dieser geografisch etwas unheimliche Punkt soll für die Pilger Tod und Wiedergeburt zu erneuertem Leben bedeuten.

Und wem der Fußweg dorthin zu beschwerlich ist: Es gibt heute auch Reiseveranstalter, die auf vier Rädern nach Santiago pilgern, sie heißen „Magisch reisen" oder so ähnlich. Hans hätte vielleicht besser den Bus nehmen sollen.

Eher geht ein Kamel durch ein Nadelöhr

Matthäus 19,24; Markus 10,25

Es war einmal ein Nachbar, der hatte sechs Richtige im Lotto und gewann zirka 15 Millionen Euro. Mein Nachbar war ein rechtschaffener Christ, Beamter der mittleren Laufbahn mit mittlerem Einkommen. Er besaß ein kleines Einfamilienhaus, in dem er mit seiner Frau und zwei Kindern wohnte. Er fuhr ein Auto der mittleren Preisklasse und zweimal im Jahr für 14 Tage in den Urlaub. Kurz und gut: Mein Nachbar war ein glücklicher Mensch – bis zu jenem Tag, an dem er besagten Gewinn bekam. Warum er überhaupt Lotto gespielt habe? Das fragte er sich nun auch, denn was um alles in der Welt sollte er mit 15 Millionen Euro? „Du kannst dir den Himmel auf Erden leisten", sagten seine Freunde, fassungslos angesichts dieses enormen Reichtums und geplagt von Neid. Und was machte mein Nachbar? Er verteilte das Geld an ein Kinderdorf in Lateinamerika, an Obdachlosenheime, an arme alte Menschen, an ein Aids-Projekt in Südafrika, an die Opfer einer Unwetterkatastrophe etc.

„Eher geht ein Kamel durch ein Nadelöhr, als dass ich dir diese Geschichte glaube", grinste mein Mann, als ich ihm davon erzählte. Aber warum sollte diese Geschichte erfunden sein? Mein Nachbar war ein bibeltreuer Christ und dort hatte er die Worte Jesu gelesen: *Es ist leichter, dass ein Kamel durch ein Nadelöhr gehe, als dass ein Reicher in das Reich Gottes komme.* Mein Nachbar wusste also, dass der Reichtum an sich ein überwindbares Hindernis sein würde, um in den Himmel zu kommen, vor allem für diejenigen, die glauben, sie könnten sich den Himmel auf Erden kaufen.

„Das Ganze kommt mir doch sehr unwahrscheinlich vor", grübelte mein Mann, „sollte sich das arme Kamel tatsächlich mit seinen Höckern durch ein Nadelöhr quälen? Absurd." – „Vielleicht", verblüffte ich ihn nach heimlichem Lexikonstudium, „war es ja gar nicht das Öhr an der Nadel, es könnte auch ein sehr enges, kleines Tor in der Stadtmauer von Jerusalem gemeint sein, das nur Menschen den Durchgang gestattete und tatsächlich im Volksmund Nadelöhr genannt wurde." – „Nein", antwortete er wissend (ich wette, auch er hat heimlich nachgeblättert), „die Übersetzung beruht auf einer falschen Lesart, da es im griechischen Text statt ‚kamälon' richtig ‚kamilion', das meint ein Schiffstau, heißen müsste. Und dann klingt die Sache schon logischer, oder?" wurde ich belehrt. Logisch oder nicht, mein Nachbar ist längst verstorben und sehr wahrscheinlich ohne Hindernisse direkt in das Reich Gottes eingegangen. „Bitte sag mir eins: Stimmt diese Geschichte mit dem Lottogewinn?" fragt mein Mann bis zum heutigen Tag. Und ich lächle triumphierend und denke: Eher geht ein Kamel durch ein Nadelöhr, als dass ich ihm die Wahrheit erzähle.

Ein Dorn im Auge sein

4. Mose 33,55

„Wie kommt der Dorn ins Auge?“ Diese Frage stellte ein Reporter bei einer Straßenbefragung an verschiedene Passanten. „Wenn man sehenden Auges gegen einen Rosenbusch läuft“, sagte einer. „Oder wenn man sich gestochen hat, den Dorn nicht aus dem Finger zieht und sich anschließend die Augen reibt, dann hat man einen Dorn im Auge“, so ein anderer. „Nein, so war es auch nicht“, sagt ein Bibelkundiger beflissen, „es geschah bei der Kreuzigung, da ist Jesus die Dornenkrone in die Stirn gerutscht und damit hatte er einen Dorn im Auge.“ Das klingt alles recht logisch, ist aber falsch. Ein Dorn im Auge, das kann vieles sein: der Hund meines Nachbarn; der Sportwagen meines Kollegen; Erwin, mein Schwager; Frau Kumpe, die Englischlehrerin meines Sohnes; die gelbe Blumenvase, die mein Mann mit in die Ehe brachte. Dies alles sind Dinge oder Leute, die mir lästig, unsympathisch, ja beinahe verhasst sind. Haben wir uns also jemals gefragt, wie der Hund, der Sportwagen, Schwager Erwin, die Englischlehrerin Frau Kumpe oder die gelbe Blumenvase in das Auge gelangt sind?

In der Tat, Menschen können zu Dornen werden. So steht es schon in der Bibel: Moses mahnt die Israeliten, nach der Eroberung Kanaans dessen heidnische Bewohner, die zur Abkehr von Gott verführen könnten, zu vertreiben. *Denn sonst,* so Moses, *werden sie zu Dornen in euren Augen.* Nun ist zu vermuten, dass den Bewohnern von Kanaan ein ziemlich dornenreicher Weg bevorstand. Andererseits jedoch mussten die Israeliten die heidnischen Bewohner vertreiben, damit sie nicht selbst „in den Dorn fallen", womit gemeint ist, in Sünde geraten.

Unsere Sprache – oftmals auch unsere Zunge – ist gespickt mit Dornen. Wer einem einen Dorn in den Fuß steckt, fügt ihm Leid zu, wer ihm aber den Dorn aus dem Fuß zieht, befreit ihn von selbigem. Wer auf Dornen wandert, erfährt heimtückische Unterstellungen, wer wiederum unter Dornen sitzt, ist bedrückt. Martin Luther klagt in einer Tischrede: „Wir Sachsen sind schwach, sitzen unter Dornen." Die Gläubigen des Mittelalters stellten Dorn und Rose gleichsam wie Gut und Böse einander gegenüber. Die Rose, selbstverständlich ohne Dornen, war Maria. Und welche Frau war ihnen ein Dorn im Auge? Eva, die Sünderin.

Jetzt wissen wir in etwa, wie der Dorn ins Auge kommt. Es gibt auch noch einen Dorn hinter den Ohren. Aber das ist eine andere Geschichte.

Ein ellenlanger Brief

Sacharja 5,2

Kürzlich sah ich einen Werbespot: Zwei Mädchen, auch Girlies genannt, stecken die Köpfe zusammen und lesen einen Brief. Einen leibhaftigen Brief aus Papier mit Tinte. Ein drittes Mädchen kommt hinzu und schaut entsetzt auf den befremdlichen Gegenstand in der Hand der anderen: „Ein Liebesbrief, auf Papier geschrieben? Hat der denn kein Handy? Aus dem wird doch nie etwas." Die Mädchen nehmen den Brief mit spitzen Fingern und werfen ihn angewidert weg.

So ein verliebter Trottel, sitzt mit Briefpapier am Tisch und textet. Labert rum, wie man heute sagt, und kommt nicht auf den Punkt. Hätte er bloß eine SMS geschickt: „Hi! Wie isses? Heute in der „Lila Eule“, so ab 23 Uhr?“ So macht man das heute. Aber so ein ellenlanger Brief? Voll daneben.

Das dachten so ähnlich wohl auch schon die Leute, über deren Köpfe im Jahr 518 vor Christus in der sechsten Vision des Propheten Sacharja ein Brief hinwegflog, zwanzig Ellen lang und zehn Ellen breit. Ein merkwürdiger Luftpostbrief. Die Botschaft, die da am Himmel schwebte, war höchst unerfreulich. Eine ellenlange Anklageschrift Gottes gegen Korruption und Rechtsbeugung. Sie galt jenem im Lande verbliebenen Bevölkerungsteil, der sich nach der Heimkehr der Juden aus dem babylonischen Exil weigerte, die Ansprüche der Zurückgekehrten anzuerkennen. Und wie lautete das Strafmaß? Der Brief selbst sollte eindringen in die Wohnstätten der Diebe und Meineidigen, sich dort festsetzen und die Häuser samt Holz und Steinen verzehren. Eine Briefbombe also, per Luftpost geschickt? Sacharjas sechste Vision ist eine Horrorvision: *Ich sehe eine fliegende Schriftrolle, die ist zwanzig Ellen lang und zehn Ellen breit,* hatte er gesagt. Eine Elle entspricht 50 Zentimeter, demzufolge sieht der Visionär eine Schriftrolle von zehn mal fünf Meter. Darauf muss so einiges zu lesen sein.

Heute also, verehrter Prophet, passt wohl besser eine SMS per Handy, an alle Diebe und Meineidigen. Etwa so: „Hey, Leute! Finger weg von Sachen, die euch nicht gehören. Sonst gibt's Zoff und zwar gewaltig. Kapiert?“

Eine Hiobsbotschaft

Buch Hiob (Ijob)

Hiob, allein der Name verschafft mir eine Gänsehaut, nicht für alles in der Welt möchte ich mit ihm tauschen. Denn alles, was er hatte, wurde ihm genommen. Kaum eine andere biblische Gestalt aus dem Alten Testament wurde von so grausamen Schicksalsschlägen heimgesucht wie Hiob, kaum einer war so *arm wie Hiob.* Ein ganzes Buch erzählt im Alten Testament von dieser Tragödie, das Buch Hiob.

Dabei fing alles so gut an. Hiob zeugte sieben Söhne und drei Töchter, besaß 7000 Schafe, 3000 Kamele, 500 Joch Rinder, 500 Eselinnen und sehr viel Gesinde, er war reicher als alle anderen, die im Osten wohnten. Trotzdem blieb Hiob ein bescheidener Mann, sympathisch, fromm und gottesfürchtig. Gott selbst fand, dass einer wie Hiob auf Erden kaum mehr zu finden sei.

Und gerade deshalb ist kaum zu verstehen, warum ausgerechnet der rechtschaffene Hiob zum Spielball einer Wette zwischen Gott und Satan wurde. „Wetten, dass ich Hiob durch Unglück dazu bringe, Gott zu schmähen?" provoziert der Satan, und Gott geht mit geradezu sportlichem Ehrgeiz darauf ein. So gibt er dem Satan freie Hand, unter der einzigen Bedingung, Hiobs Leben zu schonen. Und dann geht es Schlag auf Schlag. Zuerst werden Hiobs Herden vernichtet, dann kommen seine Söhne und Töchter ums Leben und schließlich wird Hiob selbst von schrecklichen Geschwüren und Schmerzen heimgesucht. Jedes Mal kommt ein Bote zu Hiob und überbringt ihm die schreckliche Nachricht, eine Hiobsbotschaft nach der anderen. Aber Hiob, von Leid gekrümmt, verflucht Gott nicht ein einziges Mal: *Der Herr hat's gegeben, der Herr hat's genommen,* sagt er.

Unfassbar, diese sprichwörtlich gewordene Hiobsgeduld.

Aber irgendwann scheint es ihm dann doch zu viel. Da bäumt er sich auf und beklagt sich bei seinem Gott, der ihm solche Schmerzen schickt. Aber Gott zeigt kein Mitleid, im Gegenteil: In einem Wettersturm braust er heran und hält eine kolossale Rede über seine Schöpfungsallmacht: *Wer hat die Tropfen des Taus gezeugt? Wer ist so weise, dass er die Wolken zählen kann?* Solche und ähnliche Fragen prasseln auf Hiob hernieder.

Was hat Gott sich dabei gedacht? Wollte er klarstellen, dass er sich von den Menschen nicht in Diskussionen verwickeln lässt? Hiob soll keine Fragen stellen, sondern bedingungslos glauben. Das tut Hiob auch. Nach diesem göttlichen Donnerwetter beugt er sich demütig der Machtfülle Gottes und meint: *Das ist mir zu hoch.* Einen Satz, den wir bis heute benutzen, wenn uns etwas allzu unverständlich erscheint.

Das Buch Hiob findet dann doch noch ein gutes Ende. Nach Gottes niederschmetterndem Monolog erhält Hiob Gesundheit und Wohlstand zurück. Er besitzt schließlich mehr Kamele, Schafe, Rinder und Esel als zuvor, gründet eine neue Familie mit Söhnen und Töchtern und lebt zufrieden bis ins hohe Alter.

Manche sind der Meinung, dass es sich dabei um eine Art göttlicher Wiedergutmachung handelt, weil Hiob als Objekt in einer teuflischen Wette herhalten musste. Aber, ehrlich gesagt, das ist mir zu hoch.

Einen Denkzettel geben

5. Mose 6,8

Es ist ein kleines Stück Papier mit einer großen Karriere: der Denkzettel oder *cedula,* wie im Mittelalter die Lateiner das Zettelchen nannten. Eigentlich war es ursprünglich gar kein Zettel. Laut Matthäus-Evangelium handelte es sich bei dem biblischen Denkzettel um ein Merkzeichen, um einen Gedenkriemen mit Gesetzessprüchen. *Sie sollen dir ein Merkzeichen sein,* so steht es in der Bibel. Noch heute tragen orthodoxe Juden nach der Vorschrift des Moses mit Riemen an der Stirn und am linken Arm befestigte Kapseln, die Bibelsprüche auf Pergamentstreifen enthalten. Luther übersetzte im Jahr 1522 den Gebetsriemen mit „Denkzedel" und zehn

Jahre später nannte er diesen schon einen Denkzettel als Liste dessen, was man nicht vergessen sollte. Vielleicht dachte er an den Einkaufszettel seiner Frau Katharina, von Martin Luther liebevoll „Herr Käthe" genannt, weil sie eine äußerst resolute, für ihre Zeit sehr selbstbewusste Frau gewesen sein soll, die ihrem Mann sicher öfter mal einen Denkzettel verpasste.

Ganz fromme Leute hofften übrigens, dass auch der liebe Gott stets einen Denkzettel bei sich trage, eine Art Liste mit den Namen derer, die fleißig den Herrn fürchten und seiner gedenken. Gut möglich, dass diese Vorstellung das nicht gerade freundliche Bild von einem „Buchhalter-Gott" prägte, der im Himmel thront und über die guten und bösen Taten der Menschen auf Erden eine Strichliste führt. Überhaupt wurde der Denkzettel im Lauf der Jahrhunderte zu einem verabscheuten Gegenstand. Wehe dem, der im Mittelalter einen Denkzettel entgegennehmen musste, denn das war eine schriftliche Vorladung vor Gericht.

In den Jesuitenschulen wurde früher auch Schülern, die sich in irgendeiner Art vergangen hatten oder an denen die Lehrer eine schlechte Neigung zu erkennen glaubten, ein Denkzettel ausgefertigt, auf dem der vermutliche Fehler verzeichnet stand und den der Schüler stets bei sich tragen musste. So hatte der Ärmste mit dem Denkzettel auch noch handgreifliche Ermahnungen oder Prügelstrafen zu erwarten und zugleich erhielt das Wort über die Schulsprache der Jesuiten hinaus seine heute allgemein gültige Bedeutung. Der Denkzettel wurde eine spürbare Angelegenheit.

Deshalb eine Empfehlung an alle, die noch eine Rechnung zu begleichen haben oder schon lange nach Rache dürsten: Wohl überlegt, gut dosiert, kalt verabreicht und exakt platziert passt der Denkzettel in der Regel wie die Faust aufs Auge.

Für ein Linsengericht

1. Mose 25,30–31

„Erst wenn der letzte Baum gefällt, der letzte Fluss vergiftet, der letzte Fisch gefangen werdet ihr feststellen, dass man Geld nicht essen kann.“ An diese Weissagung der Cree-Indianer musste ich denken, als ich in der Bibel die Geschichte von Esau und Jakob las.

Esau und Jakob waren Zwillingsbrüder, die Söhne des Patriarchen Isaak. Esau, der Erstgeborene, war ein Jäger und streifte in den Feldern umher, Jakob ein gesitteter Mann, der bei den Zelten blieb. Eines Tages kehrte Esau hungrig von der Jagd nach Hause und bat seinen Bruder: *Lass mich essen das rote Gericht, denn ich bin müde.* Jakob stellte ihm einen Topf mit köstlicher Linsensuppe hin und bevor er Esau den Löffel reichte, verlangte er als Gegenleistung: *Verkaufe mir heute deine Erstgeburt.* Esau hatte nur Augen für das rote Gericht, seine Nase atmete den Duft der würzigen Suppe. Alles gäbe er in diesem Augenblick her und ohne Zögern verzichtete er auf das Vorrecht des Erstgeborenen – für ein Linsengericht. So verspielte Esau aus momentaner Gier sein wertvollstes Gut. Vielleicht kam der Schreck, als er die letzte Linse verspeist hatte, aber da war es zu spät.

Zwischen Esau aus dem Alten Testament und dem modernen Menschen im dritten Jahrtausend existiert kaum ein Unterschied. Für ein Linsengericht verkaufen wir wie Esau die Welt und die Zukunft unserer Kinder. Die Regenwälder in Südamerika, die Wale in den Meeren, die Luft, die wir atmen, das Wasser, das wir trinken. Denn Gier ist blind. Ein unersättlicher Moloch, der alles frisst. Gier brennt und muss sofort befriedigt werden. Für Geduld, Besonnenheit und das Denken über den Tag hinaus ist sie zu dumm. Das meinten die Cree-Indianer mit ihrer Weissagung, lan-

ANGEBOT DER WOCHE
PIZZA MONDO
EAT ALL YOU CAN
NUR € 5,50
X4U
RISTORANTE

ge bevor das Wort Nachhaltigkeit erfunden war.

Und jetzt noch eine kleine Empfehlung für alle, die vor einem wichtigen Vertragsabschluss stehen: Servieren Sie zu Esaus rotem Gericht Lammfilet mit Petersilie und Speckwürfeln, frischen Salat mit geriebenem Käse und reichlich Croutons, einen kernigen Rotwein und einen Kugelschreiber. Denn nach diesem Genuss wird Ihr Geschäftspartner alles, was Sie wollen, unterschreiben – und das Ganze für ein Linsengericht.

In Sack und Asche gehen

Buch Ester 4,1

So etwas habe ich noch nie gehört. Sagte doch neulich ein ziemlich unbedeutender italienischer Modeschöpfer, die deutsche Frau kleide sich gern in Sack und Asche. Sie verstecke ihre Rundungen unter Kleidern, die an ihr wie Säcke herunterhingen. „Asche auf mein Haupt", sagte der Reumütige, als er seine Verfehlung bereitwillig eingestand.

Im Trauer- oder Bußritus bestreute man sich laut Bibel mit Asche. Wobei ich noch immer ein wenig verärgert an unseren katholischen Kaplan Wachs denken muss. Zu Beginn der Fastenzeit, am Aschermittwoch, zeichnete er uns mit seinem Daumen als Symbol der Reue und Buße ein schwarzes Kreuz aus Asche auf die Stirn. Wir Kinder drängten uns vor dem Altar, weil wir ganz begierig auf dieses schwarze Mahnmal waren, das in unseren Gesichtern einen tragischen Akzent setzte. Aber Kaplan Wachs war schlampig. Nie hatte ich ein anständiges Aschekreuz auf der Stirn, immer nur einen grauen Fleck. Da konnte man sich gar nicht wie ein richtiger Sünder fühlen. Aber wofür sollten Kinder auch schon büßen, dachte unser gütiger Kaplan vielleicht.

In Sack und Asche gingen früher Menschen, die in tiefer Trauer lagen. *Er zerriss seine Kleider und legte den Sack an und tat Asche aufs Haupt und ging hinaus mitten in die Stadt und schrie laut klagend,* heißt es im Alten Testament. Später dann im Neuen Testament bei den Evangelisten wurde die Asche zum Zeichen der Buße auf das Haupt gelegt. Und wer heute in Sack und Asche geht, zeigt große Zerknirschung. Mit Sack, im Griechischen übrigens heißt es *sakko,* war früher ein geringwertiger Stoff aus Ziegen- oder Kamelhaar gemeint.

Ehrlich gesagt, mir gefällt diese Mode nicht. Trauer, Buße, Schuld – das sind keine Gefühle, die öffentlich zur Schau gestellt werden sollten. Und aschgrau ist eine Farbe ohne Tiefe und Schattierungen. Eher so undefinierbar wie der Klecks von Kaplan Wachs auf meiner Stirn. Wie meinte doch der römische Modeschöpfer: „Sack und Asche sind out." Wer sich heute in Sack und Asche kleidet, wirkt auf seine Umgebung wenig attraktiv, hofft er doch auf schnelle Vergebung, auf billige Gnade. Sein Leiden ist kein wirkliches Leiden, kein echtes Weinen und Klagen wie bei den Juden im Alten Testament, als sie erfuhren, das Haman alle Juden im Reich vernichten wollte. Wer heute in Sack und Asche daherkommt, trägt höchstens einen Jammerlappen.

Keine Mätzchen machen

Matthäus

„Hans Matz ut Dräsen, kann schreiben und nicht lesen …" Da hockt es nun, das Steinmännchen an der alten Elbbrücke in Dresden und muss sich solche Reime anhören. Spott und Hohn über den armen Matz. Der Volksmund kann grausam sein, behauptet er doch, der Matz sei ein trauriger Geselle ohne geistige und körperliche Talente. Einer, der es nicht weit gebracht hat. Gerade mal bis zum Hosen- oder Hemdenmatz. Ich will Matz heißen, mich einen Dummkopf schelten lassen, wenn das nicht so ist, wie ich es hier behaupte.

Der Matz ist schon ein dummer kleiner Kerl, aber man kann ihn noch kleiner machen und dann ist es ein Mätzchen. „Mätzchen ist doof“, treibt Unsinn, sträubt und widersetzt sich, hat unvernünftiges Zeug im Kopf – macht halt Mätzchen. Sei nicht dumm und einfältig, mach keine Mätzchen, im Obersächsischen heißt es: „Mach mer keene Mätzchen vor!“ Mach mir nichts weis. In der Mark Brandenburg sang man vor Jahrzehnten: „Mach mir keine Mätzchen vor; denn ich bin vom Garde du Corps.“

Aber wie kommt der Matz in die Bibel? Nun, diese Wege sind verschlungen. Sie führen von Matthäus über Matthias hin zu Mattes und daraus soll schließlich Matz geworden sein. Eine seltsame Verbindung, bei der man allerhand Phantasie bemühen muss. In diesem Zusammenhang taucht plötzlich noch eine ganz andere Redewendung auf: *Matthäi am Letzten.* Matthäi ist der lateinische Genitiv von Matthias. Und die Formulierung ist eine Anspielung auf das Ende der Welt. Im Evangelium des Matthäus handeln die letzten vier Kapitel vom Tod Jesu und vom Jüngsten Gericht am Ende der Welt. Matthäi am Letzten, das ist wahlweise das Ende des eigenen Lebens oder das der ganzen Welt. Wenn also für jemanden aller Tage Abend geworden ist, das heißt, wenn es mit jemandem oder mit etwas aus ist, dann ist für ihn Matthäi am Letzten. Und hier kommt Matz wieder ins Spiel. Denn was soll man tun, so kurz vor dem Ende? Laut dem Evangelisten Matthäus ist klar, was getan werden muss, um im Endgericht vor Gott bestehen zu können: auf jeden Fall keine Mätzchen, Dinge also, die angesichts des möglichen Todes oder des Weltuntergangs belanglos, überflüssig und sinnlos sind. Dagegen handle lieber sozial und gerecht. Aber sagen Sie das einmal einem Politiker: Mach keine Mätzchen, es ist Matthäi am Letzten.

Mit seinen Pfunden wuchern

Matthäus 25,14–30; Lukas 19,12 f.

Irgendwie wurde die Sache gründlich missverstanden. Jesus als Anlageberater? Das kann nicht sein. Hat er etwa gemeint: „Gehet hin und zockt an der Börse?" Oder: „Machet euch Grund und Boden untertan und spekuliert so lange, bis euch alles auf Erden gehört. Seid fruchtbar und mehret euch, ihr Kapitalisten dieser Welt, und grabt auch nach den Pfunden eurer Brüder und Schwestern in Lateinamerika, Afrika, Asien, Indien und so weiter." Soll man so mit seinen Pfunden wuchern?

Der reiche Mann, von dem Jesus in seinem Gleichnis erzählt, vertraute seinen Dienern verschieden hohe Geldsummen an, mit denen sie bis zu seiner Rückkehr wirtschaften sollten. Einige verdoppelten ihr Geld und einer, dem sein Herr nur ein einziges Pfund zugeteilt hatte, vergrub es zur Sicherheit in der Erde. Er machte gar nichts daraus und das konnte der Herr nicht gutheißen, denn er hatte seine Chance vertan. Wie gesagt, es handelt sich hier um ein Gleichnis, eine bildhafte Geschichte. Jesus wollte keine Lektion für Finanzmanagement erteilen. Das Geld hieß damals nicht Euro, sondern Pfund oder Talent, und wuchern bedeutete lediglich wirtschaften.

Jeder Mensch kommt zur Welt und hat mindestens ein Pfund oder ein Talent. Nein, es muss nicht gleich ein Picasso, Beethoven oder Goethe aus ihm werden. Manch einer hat Talent im Umgang mit Pflanzen und wird ein Gärtner, ein anderer hat Talent zum Kochen und macht damit viele Menschen satt und glücklich, ein weiterer hat Talent mit Kindern umzugehen und wird ein guter Lehrer. Wieder ein anderer hat Talent Geschichten zu erzählen und wird ein wundervoller Schriftsteller oder auch nur Großvater. Manch einer kann gut rechnen, manch anderer einen ganzen Saal zum Lachen bringen – jeder Mensch hat sein eigenes Talent und ist willkommen, denn jeder wird gebraucht auf dieser Welt. Jeder auf seine Art, denn jeder ist einzigartig. Und deshalb bekommt jeder sein Startkapital: ein Pfund, mit dem er wuchern soll.

Die Botschaft dieses Gleichnisses lautet: Verschlafe nicht deine Zeit und dein Leben, vergrabe deine Talente nicht, werde der, der du bist. Nicht mehr und nicht weniger. Das Pfund ist Geschenk und Verpflichtung zugleich; wer es nutzlos liegen lässt, lebt unter seinen Möglichkeiten. Mach etwas aus dir, erkenne dich selbst und vergeude deine inneren Werte nicht. In diesem Sinne ist Jesus doch ein guter Anlageberater.

Nach uns die Sintflut

1. Mose 6–8

„Sagen Sie diesen Satz bitte nie wieder", sagte die Frau weinend zu der Reporterin. Das war im Jahr 2002, als die Flut in Ostdeutschland in wenigen Stunden das gesamte Hab und Gut ihrer Familie hinweggeschwemmt hatte. In Pirna zeigte der Pegel der Elbe an diesem Tag 10,58 Meter. Und in der Nacht vom 12. auf den 13. August überlebten in der kleinen Gemeinde Weesenstein Heiko Jäpel, seine Mutter, sein Sohn und seine Tochter auf einem 36 Zentimeter schmalen Mauerrest ihres fortgeschwemmten Hauses.

Die Sintflut in der Bibel war eine durch Regen hervorgerufene Überschwemmung, mit der Gott die Menschen – außer Noah und seiner Familie, die eine Arche bauen durften – vernichtete. Die große Flut ergoss sich 40 Tage lang, Gott ließ aus Zorn über die sündigen Menschen alles untergehen, um danach einen neuen Bund mit ihnen zu schließen. Sintflut wurde deshalb auch als „Sündflut" übersetzt. Es ist ein biblisches Motiv, aus dem erst viel später die Redensart „Nach uns die Sintflut" entstand. Jeanne Antoinette Poisson, die Marquise von Pompadour, soll in einer dunklen Vorahnung 1757 nach der Schlacht bei Rossbach gesagt haben „nach uns die Sintflut".

Heute trägt diese Redewendung den bitteren Beigeschmack von Zynismus. Nach uns die Sintflut, das heißt: Die Folgen für die Zukunft sind uns egal. Ob unsere Kinder, Enkel oder Urenkel einst auf Halden mit verstrahltem Atommüll leben müssen, ob Wälder gerodet, die Weltmeere und die Luft vergiftet sind, ob man mit der Gentechnik Menschen, Tiere, Pflanzen irreparabel in ihrem Kern verändert haben wird – nach uns die Sintflut. Dürfen die Menschen unwiderruflich und endgültig Tatsachen schaffen, an deren Folgen dann die Kinder und Kindeskinder schwer zu tragen haben, gar zugrunde gehen? Wer im wissenschaftlichen, politischen oder im privaten Bereich nach diesem Motto handelt, versündigt sich. Er lebt vielleicht seine kurze Zeitspanne hier auf Erden in größerem Wohlstand, aber die Rechnung zahlen andere. Für alle nachfolgenden Generationen verursacht er möglicherweise eine schreckliche Sündflut.

Verzweifelte Menschen, die nicht mehr daran glauben, dass es auf dieser Erde zu Frieden, Gerechtigkeit und Solidarität kommen kann, sind der Ansicht, dass Gott in seinem Zorn besser noch einmal alles vernichten solle, da möge doch eine zweite Sintflut kommen. Aber da denke ich an die arme Frau, der die Elbflut in Ostdeutschland alle Hoffnungen und alles Hab und Gut vernichtet hatte. Sagen Sie diesen Satz bitte nie wieder.

Perlen vor die Säue werfen

Matthäus 7,6

Meine Freundin kochte kürzlich ein wunderbares Menü in fünf Gängen: Vorspeise, Salat, Suppe, Fleisch und Fisch, schließlich ein köstliches Dessert. Den ganzen Tag stand sie in der Küche. Und als die Gäste abends am festlich geschmückten Tisch saßen, hielten sie sich schon nach der Suppe den Bauch und sagten: „Wir können nicht mehr, wir haben vor einer Stunde eine dicke Currywurst mit Pommes gegessen." Meine Freundin räumte stumm den Tisch ab und dachte, soeben habe ich wohl Perlen vor die Säue geworfen.

Wer einen Roman von Dostojewski verschenkt an jemanden, der nur die Klatschspalten in den Illustrierten liest, wer klassische

Musik auflegt für jemanden, der am liebsten im Bierzelt schunkelt, wer Gefühle zeigt, wo er nur Spott erntet – der ist im Begriff, Perlen vor die Säue zu werfen, denn er gibt erlesene Dinge einem unverständigem Publikum preis.

Jesus warnte seine Jünger drastisch vor der unbedachten Weitergabe seiner Lehre, indem er sagt: *Ihr sollt das Heilige nicht den Hunden geben, und eure Perlen sollt ihr nicht vor die Säue werfen, damit die sie nicht zertreten mit ihren Füßen und sich umwenden und euch zerreißen.* Eine Anweisung an die Nachfolger Jesu: Verschwendet eure Zeit, eure Liebe und eure Worte nicht an Leute, die von vornherein abfällig und geringschätzig über Gott denken. Oder wie Martin Luther sagte: „Predigt nicht goldene Worte in taube Ohren."

Aber bleiben wir bei den Perlen, jener besonderen Kostbarkeit in der Bibel. Denn Perlen sind nicht einfach nur Perlen. In der byzantinischen Kirche zerteilte man das geheiligte Brot in kleine Brocken, die Perlen genannt wurden. Im Neugriechischen werden Perlen und Brotkrümel noch immer mit demselben Begriff bezeichnet.

Und dass man Perlen nicht vor die Säue werfen soll, davor warnen Gedichte und Prediger in fast allen Sprachen und Dialekten.

Berühmte flämische Bildschnitzer machten diese Redewendung zum Motto ihrer Kunst und gaben zugleich Rätsel auf: Auf ihren Bilderbögen werden keine Perlen, sondern Blumen den Schweinen vorgeworfen. Dabei handelt es sich wahrscheinlich um eine Verwechslung: Im Lateinischen heißt Perle *margarita* und im Französischen heißt *marguerite* nicht Perle, sondern Gänseblümchen. Die Bildhauer folgten der französischen Übersetzung und malten statt Perlen Blumen. Sie warfen, so spottete man, falsche Perlen echten Säuen vor.

Und die echten Perlen? Säue sind Allesfresser, ihnen kann man nicht vorwerfen, dass sie Perlen schlucken. Sie erkennen keinen Unterschied. Aber jene, die um den Wert ihrer Perlen wissen, sollten sich gut überlegen, ob sie wirklich jedem eine Freude machen, wenn sie ihm ein Menü in fünf Gängen servieren. Eine Currrywurst, liebe Freundin, wäre vielleicht passender gewesen.

Schwerter zu Pflugscharen

Micha 4,3

Vor dem Gebäude der UNO, der Vereinten Nationen, in New York steht eine beeindrukkende Plastik aus Eisenguss, eine Gabe der Sowjetunion. Mit kräftigen Hammerschlägen schmiedet ein Mann ein Schwert zu einer Pflugschar. Erstaunlich, ein atheistisches Land beschenkt die Völkergemeinschaft mit einem biblischen Motiv. In der ehemaligen DDR wird in den 1980er Jahren dasselbe Symbol als Zeichen der unabhängigen Friedensbewegung auf Jacken und Mäntel genäht. Wer es öffentlich trägt, bekommt Ärger mit der Staatssicherheit; denn die Befürchtung, dass die Umwandlung von Schwertern in Pflugscharen auch in den Köpfen und Herzen der Menschen neue, subversive Ideen entstehen lassen könnte, sollte sich schon bald bestätigen. Seit 1980 war die kirchliche Basisgruppe, die sich um den Pfarrer Friedrich Schorlemmer gebildet hatte, deshalb auch bevorzugtes Überwachungsobjekt der DDR-Staatssicherheit. Im Lutherjahr 1983 ließ Schorlemmer mit seiner Friedensgruppe im Lutherhof zu Wittenberg nachts ein Schwert zu einer Pflugschar umschmieden. 1988 dann auf dem Evangelischen Kirchentag in Halle legten renitente Christen 20 regimekritische Wittenberger Thesen vor. 1989, noch vor der 40-Jahr-Feier zur Gründung der DDR, trat die von Schorlemmer mitbegründete Bürgerbewegung „Demokratischer Aufbruch" erstmals an die Öffentlichkeit. „Lasset die Geister aufeinander platzen, aber die Fäuste haltet still!" Dieses Lutherwort rief Schorlemmer den Menschen am 4. November 1989 während einer Massenkundgebung auf dem Alexanderplatz in Berlin zu. Das waren die historischen Tage, in denen die Bürger der damaligen DDR die Welt lehrten, wie Freiheit auch mit Pflugscharen statt mit Schwertern zu erlangen ist.

Die Botschaft des Propheten Micha war angekommen: *Sie werden ihre Schwerter zu Pflugscharen und ihre Spieße zu Sicheln machen. Es wird kein Volk wider das andere das Schwert erheben, und sie werden hinfort nicht mehr lernen, Krieg zu führen.*

Moreschet, das Dorf, in dem Micha im achten Jahrhundert vor Christi Geburt vermutlich Sprecher des Ältestenrates war, liegt unweit von Jerusalem mitten auf der Achse zwischen der West Bank und dem Gazastreifen im Nahen Osten. In diesem Konfliktgebiet wurde schon immer um die Macht gerungen, sind schon immer Menschen unter die Räder gekommen. Täglich sehen wir Bilder von Kindern, Frauen und Männern, die in Israel und Palästina sterben. In der Heimat von Micha aus Moreschet. Seine Botschaft ist ein Aufschrei der Sehnsucht nach Frieden. Warum gilt der Prophet im eigenen Land so wenig?

Sein Licht nicht unter den Scheffel stellen

Matthäus 5,14–15

Man kann nicht ernsthaft behaupten, es sei eine Krankheit unserer Zeit, dass die Menschen ihr Licht unter den Scheffel stellen. Bescheidenheit gilt heutzutage nicht als Tugend, sondern eher als Dummheit. Nur Armleuchter stellen ihr Licht unter den Scheffel, sie gelten als kleine Leuchten, die zu nichts taugen. Noch nicht einmal zu einer Talkshow, denn das ist in der modernen Medienwelt die Bühne der großen Geister. Rund um die Uhr plappern sie sich um Kopf und Kragen, kein Geheimnis ist ihnen heilig, weder ihr Liebesleben noch ihre Krankheiten, ihre Süchte, ihre Steuerhinterziehungen, ihre Hassgefühle den Ehepartnern, Kollegen, Vorgesetzten oder

Nachbarn gegenüber. Auch der intimste Winkel der menschlichen Seele wird schamlos ausgeleuchtet und es geht, wie es in der Bibel schon bei Hiob geschrieben steht, niemandem ein Licht auf.

Jesus hatte etwas vollkommen anderes im Sinn, geradezu das Gegenteil. Er wollte die bescheidenen Menschen dazu ermutigen, ihre Fähigkeiten und Begabungen offen wirksam werden zu lassen. *Ihr seid das Licht der Welt,* sagte er zu seinen Jüngern und forderte sie auf, selbstbewusst die frohe Botschaft zu verkünden, damit alle daran teilhaben können: *Man zündet auch nicht ein Licht an und setzt es unter den Scheffel,* erklärte Jesus weiter, *sondern auf einen Leuchter, so leuchtet es allen, die im Hause sind.* Als Scheffel wurde früher ein Gefäß, eine Art Holzschirm bezeichnet. In Süddeutschland nennt man es noch heute „Schaff", in Norddeutschland „Bütte". Daher stammt die Berufsbezeichnung Schäffler beziehungsweise Böttcher. Zur Zeit Jesu ging es auch nicht darum, ein Licht unter dem Scheffel zu ersticken, sondern ganz einfach um Sparsamkeit. Weil es am Sabbat, dem jüdischen Ruhetag, verboten war, Feuer zu entzünden, mussten die Öllampen im Hause so abgedeckt werden, dass ihre Energie bis zum nächsten Morgen ausreichte, „auf Sparflamme brennen". Dazu wurde ein Scheffel darüber gestülpt, aber mit einem Holzkeil wieder angehoben, um ein wenig Luftzufuhr zu ermöglichen.

Ziemlich kompliziert, die Sache mit dem Scheffel, und eigentlich im Zeitalter der Elektrizität überholt, muss sich ein Bibelübersetzer gedacht haben und beseitigte den Scheffel in einer Revision der Lutherbibel von 1975, steckte diesen sozusagen als Antiquität in die Requisitenkammer und ersetzte ihn kurzerhand durch einen Eimer. Aber von Dauer war der Eimer in der Bibel nicht, denn der damalige theologische Vizepräsident der Evangelischen Kirche in Deutschland, Hartmut Löwe, merkte kritisch und vielleicht auch aus Brandschutzgründen an, eine Kerze unter einen Eimer zu stellen empfehle sich heutzutage schon deshalb nicht, weil der Eimer in aller Regel aus Plastik sei. Die Bibel verschwand mitsamt dem Plastikeimer schnell wieder im Regal und der Scheffel, unter den heute so mancher Angeber sein kleines Licht stellen könnte, ist zum Glück wieder da.

Tohuwabohu

1. Mose 1,1–3

Bei Tohuwabohu fällt mir mein Schreibtisch ein, oder mein früheres Kinderzimmer. „Da herrscht ein unbeschreibliches Tohuwabohu", sagte mein Vater oft. Tohuwabohu war für mich in meiner Kinderphantasie eine Südseeinsel, auf die ich gern mit meinem geliebten Kasper Larifari gezogen wäre, dann wäre endlich Schluss gewesen mit dem unbeschreiblichen Gemecker über das Tohuwabohu in meinem Zimmer. Aber außer meinem Vater und mir hatten schon ganz andere mit dem Tohuwabohu zu kämpfen.

Kein geringerer als der liebe Gott musste erst einmal gründlich aufräumen, bevor er die Welt erschaffen konnte. Denn zunächst war da nur Chaos, *und die Erde war wüst und leer.* Im hebräischen Text der biblischen Schöpfungsgeschichte heißt „wüst“ *tohu,* „und“ bedeutet *wa* und „leer“ *bohu.* Tohu wa bohu, wüst und leer. Die Franzosen nennen es schlicht und elegant Tohu-Bohu – gesprochen: Toü Boü.

In neueren jüdischen Sagen über die Erschaffung der Welt werden Tohu und Bohu als die ersten Elemente dargestellt. Tohu war demnach ein grüner Streifen, der die ganze Welt umgab und von dem tiefste Finsternis ausging. Bohu, das waren Abgründe voller schlammiger Steine, durch die das Wasser rieselte. Doch auf dem Wasser schwebte schon der Geist Gottes. *Und Gott sprach: Es werde Licht! Und es ward Licht.* Dann trennte er das Licht von der Finsternis und nannte die eine Seite Tag und die andere Nacht. So schafft man Ordnung.

Unklar ist nur, weshalb im Internet unter dem Begriff Tohuwabohu von einem Amerikaner berichtet wird, der einen kalifornischen Polizeihund anbellte. Wegen Behinderung der Polizeiarbeit musste sich der bellende Amerikaner vor Gericht verantworten. Der Beschuldigte berief sich auf das Recht der freien Meinungsäußerung. Tohuwabohu – wüst und leer. Vielleicht hätte der liebe Gott, als er die Welt aufräumte, auch in so manchem Kopf ein Licht anzünden sollen, denn dort herrschen oft noch immer großes Chaos und Finsternis, Tohuwabohu.

Unter aller Kanone

Hesekiel 40,5

Ach, du heiliges Kanonenrohr, zuerst hatte ich mir doch tatsächlich eine echte Kanone vorgestellt, weil im Italienischen das Wort *canna* die Vergrößerungsform von „Rohr" darstellt. Unter jenem enorm vergrößerten Rohr, so malte ich mir weiterhin aus, krabbeln kleine Soldaten hin und her, die dann, bei gegebenen schrecklichen Anlässen, als Kanonenfutter herhalten müssen. Solche sinnlosen Opfer finde ich – mit Verlaub – unter aller Kanone. Immer wieder höre ich auch davon, dass Kanonen sprechen können und zwar in allen Dialekten dieser Welt. Jüngst erst vernahm man ihr grässliches Getöse im Irak. Ein solches Kanonenrohr auch noch „heiliges Kanonenrohr“ zu nennen, ist in diesem Zusammenhang geradezu gotteslästerlich, darüber vermag auch die schwäbische Verniedlichung vom „heiligen Blechle“ nicht hinwegzutäuschen. Kanone bleibt Kanone, oder?

Nein, ich musste mich tatsächlich eines Besseren belehren lassen und wurde auf meine mangelhaften Sprachkenntnisse hingewiesen. Der Begriff *Kanon* ist hebräischen Ursprungs und bezeichnet zunächst ein Schilfrohr, einen geraden Stab oder eine Messrute – es sind Regeln für den Menschen, auf dass dieser nicht maßlos werde. Der Kanon ist eine göttliche Richtschnur für den Gläubigen, die verbindliche Glaubensregel.

Jahrhunderte später ging ein Oberlehrer aus Sachsen bei der Anfertigung der Zeugnisse daran, aus der „göttlichen Richtschnur“ seinen eigenen Kanon in fünf Zensuren einzurichten. Noch heute leiden darunter Heerscharen von Schülerinnen und Schülern. Die Arbeiten der meisten Schüler, das hat er damals öffentlich verkündet, liegen *sub omni canone*: unter aller Kanone. Schlecht, wertlos, unter aller Kritik, unter aller Sau heißt das heute. Und es kann gut sein, dass damals mit diesen strengen Zensuren bei den wehrlosen Schülern mit Kanonen auf Spatzen geschossen wurde.

Unter die Fittiche nehmen

Psalter 61,4–5

Nun schließen Sie bitte einmal für zehn Sekunden die Augen und stellen Sie sich Gott vor. Das ist eine beliebte Übung von Psychotherapeuten, weil sie in den Phantasiebildern, die Menschen sich von Gott machen, zu erkennen glauben, wie diese ihre eigenen Väter und Mütter erlebten. Das Gottesbild dient dann als Projektion, als Übertragung. Wer demnach in Gott einen grausamen, rächenden, strafenden Vater sieht, der hatte vermutlich keine leichte Kindheit. Oder wer in Gott den Leistung fordernden, alles besserwissenden und kontrollierenden Vater entdeckt, der stand zu Hause wohl stark unter Druck. Und dann gibt es noch den gütigen Gott, den alten Mann mit Rauschebart, den zärtlichen Papa, auf dessen Schoß der kleine Junge so gern saß. Der hat es gut, auch im späteren Leben.

Aber warum kommen in diesen Bildern nur Väter vor? Weil Gott *der* Gott ist, maskulin. Könnte man sich bei Gott etwa jemand anderen vorstellen als einen Mann? Natürlich, zum Beispiel eine Frau. Da lachten sich die Bibelhistoriker ins Fäustchen: Gott eine Frau? Aber den feministischen Theologinnen war es sehr ernst damit, als sie vor mehr als 25 Jahren in Deutschland begannen, diesen Gott der Patriarchen einmal mit weiblichen Augen zu sehen. Auch sie schlossen für zehn Sekunden die Augen und stellten sich ihren Gott vor. Sie sahen eine Wölfin, die ihre Jungen säugt, ein altes Mütterchen, das seine Kinder liebevoll wärmt, oder eine schöne Tänzerin, die sich geschmeidig wie der Ast eines Baumes im Wind wiegt. Gott hatte plötzlich auch weibliche Wesenszüge. Er war Vater und Mutter zugleich, eine Ganzheit. Und als die Frauen mit ihrem feministischen Blick die Bibel lasen, da fanden sie eine Menge Bilder und Symbole, die darauf schließen lassen, dass schon die Propheten eine Ahnung davon hatten, dass Gott nicht absolut männlicher Natur ist. *Lass mich wohnen in deinem Zelte ewiglich und Zuflucht haben unter deinen Fittichen*, so steht es in der Bibel – eine der schönsten Aussagen über die Mütterlichkeit Gottes, das Bild eines Vogels, der seine Jungen unter seinem Gefieder vor den Feinden verbirgt. „Fittich" stand im Mittelhochdeutschen für Gefieder, doch Luther machte daraus einen Rockzipfel, warum eigentlich?

Wie stelle ich mir Gott vor, wenn ich die Augen schließe? Als Frau oder als Mann? Vielleicht ist er – wie in Psalm 61 – *ein starker Turm vor meinen Feinden*, vielleicht der Zauberer, der trockenes Land in Meer verwandelt, vielleicht die Glucke, unter deren Flügeln ich Zuflucht suche. Ich könnte ihn eigentlich für alle Fälle gut gebrauchen.

Von Pontius zu Pilatus

Lukas 23,1

Gelitten unter Pontius Pilatus …, heißt es im Credo, dem christlichen Glaubensbekenntnis. Denn eines muss man sagen: Dieser Pilatus war wirklich ein schlechter Mensch, ein herzloser Mann, Mord war eine Kleinigkeit für ihn. Von Rom wurde er nach Judäa als Statthalter entsandt, denn auch dort war er verhasst. Obwohl er wusste, dass Jesus unschuldig war, ließ er ihn kreuzigen; denn Pilatus wollte bei seinen politischen Feinden Ansehen erlangen. Was immer er tat, er tat es aus kalter Machtgier.

Unter so einem musste selbst Jesus leiden. Denn dort, wo kein Herz ist, kapituliert die Liebe, da ist nichts zu machen. Da rennt man von Pontius zu Pilatus und kommt nie an. Es ist ein verzweifeltes Hin und Her, von einem Fuß auf den anderen, es sieht aus wie gehen und ist doch stehen, auf der Stelle treten. Eine ziellose Bewegung in der Sinnlosigkeit, vergeudete Energie. Dabei kann man an Leib und Seele schweren Schaden nehmen. Wer von Pontius zu Pilatus geschickt wird, der läuft ins Leere, denn es gibt gar keinen Weg zwischen Pontius und Pilatus; weil Pontius und Pilatus ein und derselbe ist. Und wenn wir selbst von Pontius zu Pilatus laufen, haben wir die Orientierung verloren. Pontius Pilatus wusste, dass Jesus unschuldig war, aber er sprach ihn nicht frei. Er war feige, schickte ihn zu dem König Herodes und dieser schickte ihn wieder zurück. Auch Jesus rannte um sein Leben – von Pontius zu Pilatus –, vergeblich. Am Ende wusch Pontius Pilatus seine Hände in Unschuld und ließ Jesus kreuzigen. Er hatte gehofft, nach zwei Monaten sei Gras über die Sache gewachsen und die Akte Jesus für immer geschlossen. Irrtum. Wir reden noch heute über ihn.

Und Pontius Pilatus beging Selbstmord. Den Toten wollte man daraufhin an einen Mühlstein gebunden für immer und ewig im Tiber versenken. Doch spielten die bösen Geister des Flusses mit ihm und weil überdies ein Unwetter aufzog, brachten ihn die Römer sicherheitshalber nach Vienna, das als Via Gehennae als Weg zur Hölle galt. Man nimmt an, dass der zwischen Vienna und Luzern gelegene Berg Pilatus nach ihm benannt ist. Dort soll er ruhelos umherwandern, hin und her, und sich dabei in verschiedenen Gestalten zeigen. Vielleicht läuft er sinn- und ziellos von Pontius zu Pilatus.

Wie ein Ölgötze

Matthäus 26,36–41

„Du stehst da wie ein Ölgötze“, stumm und regungslos. Tu doch etwas, sag etwas! Teilnahmslos lagen die Apostel damals am Ölberg, während Jesus im Garten Getsemani Todesangst litt. Sie haben sogar geschlafen, deshalb wurden sie als Öl(berg)götzen bezeichnet. Keine klugen, willensstarken Menschen, sie waren im entscheidenden Moment nicht da.

„Wer zu spät kommt, den bestraft das Leben“, hat Gorbatschow gesagt. Die Apostel wurden auch bestraft, jahrhundertelang der Lächerlichkeit preisgegeben. Ein Ölgötze, das war gefärbtes Holz in Öl getränkt, ein lebloses Ding, das ohne Sinn in der Gegend herumstand. Darum ist der Ölgötze ein Mensch, der zu nichts taugt, weil weder Verstand noch Witz in ihm sind. Bei Prozessionen wurden die Apostel vom Ölberg als hölzerne Pfosten durch die Straßen getragen, nur dazu nütze, eine Laterne zu halten.

Aber vielleicht stimmt das alles nicht. Denn über die Herkunft des Wortes streiten sich bis heute die Gelehrten. Erst ab dem 16. Jahrhundert ist der Ölgötze eine historisch nachweisbare Figur, als Spottfigur in den Kämpfen der Reformationszeit. Über die Holzbilder der Katholiken machte Martin Luther sich lustig und die mit heiligem Öl gesalbten römischen Priester beschimpfte er: „Es ist manch Ölgötz auf der Kanzel." Götze kommt von Gott und meint sein Abbild, ohne Leben oder gar Seele. Manche Menschen beten Götzen an, falsche Götter.

Zurück zum Ölberg: Nach der Apostelgeschichte nahm der auferstandene Jesus dort Abschied von seinen Jüngern, um vom Ölberg aus in den Himmel zu fahren. Und es ist zu vermuten, dass sie wieder da standen und stumm und reglos ihrem Herrn hinterher schauten. Wie die Ölgötzen.

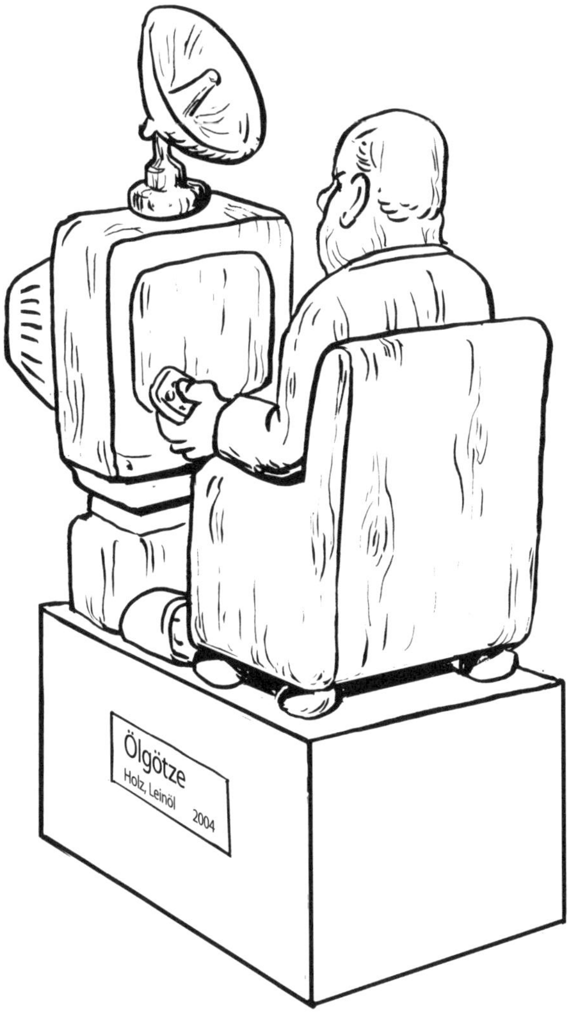
Ölgötze
Holz, Leinöl
2004

Wie Schuppen von den Augen fallen

Apostelgeschichte 9,18

Manchmal muss ich an die drei Affen denken, die an dem Schlüsselbund meiner Tante Gertrud baumelten. Der erste hält sich den Mund zu, der zweite die Augen, der dritte die Ohren. Nichts sagen, nichts sehen, nichts hören. „Die kapieren gar nichts“, sagte Tante Gertrud immer, wenn sie ihren Schlüsselanhänger betrachtete. Aber unseren Nachbarn, Herr Theobald, den hatte die Erkenntnis überrascht, als er sich nach 23 Jahren von seiner untreuen Ehefrau scheiden ließ. Da sei es ihm plötzlich wie Schuppen von den Augen gefallen, meinte er. „Das hätte er schon früher haben können“, zwinkerte Tante Gertrud mir zu und klimperte mit ihren drei Affen am Schlüsselbund.

Aber so etwas kommt häufig vor. Manche Menschen werden plötzlich von einem Ereignis in ihrem Leben überrumpelt, das alles von Grund auf ändert. Nichts ist danach mehr so wie zuvor, ein neues Leben beginnt. Ist das Schicksal, eine Krise oder eine Chance? Eine zweite Geburt oder Tod und Auferstehung mitten im Leben? Es ist ein Glück, dass kein Mensch weiß, ob und wann es ihm wie Schuppen von den Augen fällt, denn wer möchte schon gern alles bisherige in Frage stellen und noch einmal ganz von vorn anfangen? Lieber alles beim Alten lassen, da weiß man, woran man ist.

So ähnlich muss auch Saulus gedacht haben. Als Gesetzeslehrer war er stolz auf sein jüdisches Erbe. Er hielt sich peinlich genau an die Vorschriften der Pharisäer und hasste und verfolgte die Christen, die seiner Meinung nach das Gesetz Mose verletzten. Bis zu jenem Tag im Jahr 32 nach Christus, als Saulus mit seinem Pferd unterwegs nach Damaskus war. „Saul, Saul, warum verfolgst du mich?" rief eine Stimme und ein Licht blendete Saulus derart, dass er blind zu Boden fiel. Seine Begleiter führten ihn in die Stadt und dort wurde er im Auftrag Gottes geheilt. Ein Jünger Jesu legte ihm die Hände auf. *Und sogleich fiel es von seinen Augen wie Schuppen, und er wurde wieder sehend.* Aus dem blinden Saulus wurde der sehende Paulus, einer der für die Begründung und Ausbreitung des Christentums bedeutendsten Apostel.

Und die drei Affen an Tante Gertruds Schlüsselbund? Sie stammen aus der shintoistisch-buddhistischen Glaubenswelt Japans. Eigentlich sollten sie als Boten den Göttern über den Zustand der Menschen Bericht erstatten. Diesen Auftrag haben sie nur ungenügend erledigt. Sie hielten Augen, Ohren und Mund fest verschlossen, wollten nichts sehen, nichts hören und nichts sagen. Hätten sie es riskiert, einmal richtig hinzuschauen, dann wäre es den Göttern vielleicht auch wie Schuppen von den Augen gefallen.

Zum Sündenbock machen

3. Mose 4

Das Verfahren ist denkbar einfach und wird immer wieder gern praktiziert: Man nehme eine Person – Kollege, Kollegin, Ehemann, Ehefrau, Sohn oder Tochter, Nachbarn, Onkel, Tante –, hänge ihr ein paar Fehler an, vor allem solche, die man meist selbst begeht, würze das Ganze mit übler Nachrede oder Verleumdung und mache ihn, am besten mit Hilfe einiger Verbündeter, fix und fertig.

Es handelt sich hierbei um einen uralten Brauch, der im Alten Testament regelmäßig am Versöhnungstag ausgeübt wurde. Dem Hohenpriester wurden zwei Ziegenböcke als Sühneopfer für die Sünden des Volkes übergeben. Nach dem Los wurde ein Bock für den

Herrn geopfert, der andere, ein armer, bis dahin unbescholtener Ziegenbock, erhielt die Sünden Israels aufgebürdet, indem der Hohepriester ihm die Hände auflegte und damit symbolisch alle Schuld des Volkes übertrug. Danach wurde er in die Wüste gejagt.

Manch einer wird jetzt sagen, das kenne ich doch irgendwoher. Richtig. Kaum ein Ritual aus der Zeit vor Christi Geburt wurde so maßstabgetreu in die so genannte Moderne hinübergerettet wie dieses. Nur wurden die Methoden etwas verfeinert: Wir schicken keine Böcke mehr in die Wüste, sondern leibhaftige Menschen. Heute nennt man das Mobbing.

Die frühen Bibelübersetzungen übrigens kannten den Ausdrucke „Sündenbock" nicht, dort war lediglich die Rede vom „ausgesandten Bock". Der erste offizielle, historisch ausgewiesene Sündenbock war Bismarck. Für den Kriegsausbruch 1866 wollte man ihn verantwortlich machen, so dass der Reichkanzler klagte: „Ich bin für die öffentliche Meinung ein Sündenbock." Auch Willy Brandt fühlte sich bei seinem Rücktritt vom SPD-Parteivor-

LEHRER SIND FAUL!
OSSIS SIND DOOF!
AUSLÄNDER RAUS!
MOSLEMS RAUS!
MÄNNER SIND SCHWEINE
DIE REGIERUN
IST SCHULD
TRAINER AUSTAUSCHEN

sitz am 23. März 1987 wohl ebenfalls in die Wüste geschickt, als er bitter bemerkte, dass ihm einige die Rolle des Sündenbocks vom Dienst zugedacht zu haben scheinen.

Übrigens, fahren Sie bloß nicht in das Land Owari, eine Provinz im alten Japan: Dort ziehen jährlich am 11. Januar Priester mit Fahnen auf die Landstraße und fangen dort den ersten Reisenden, der ihnen in den Weg kommt. Das Opfer wird gereinigt, in weiße Kleider gehüllt und schließlich zum Altar gebracht, wo das Manaita, ein Hackbrett, und Hocho, ein Schlachtmesser, liegen. Der Gefangene muss eine ganze Nacht lang neben diesen Mordinstrumenten sitzen. Am nächsten Morgen bindet man ihm ein Mochi, einen Opferkuchen aus Lehm, auf den Rücken, treibt ihn aus dem Tempel und jagt ihn so lange, bis er vor Erschöpfung niedersinkt.

Aus einem chinesischen Ort wird Ähnliches berichtet: Wenn an diesem Tag im Januar ein Fremder ins Dorf kommt, soll er schweigend bewirtet, beim Verlassen des Dorfes jedoch hinterrücks mit einem Stein erschlagen werden. Wahrlich keine nette Geste einem Fremden gegenüber. Aber er war schließlich nur ein Sündenbock und der hat bekanntlich keine Gnade verdient.

Ein Buch mit sieben Siegeln

Offenbarung des Johannes 5

Es ist das Buch der Bücher, die Bibel: Dreiviertel aller Deutschen halten es für sehr wichtig. Aber mehr als die Hälfte der Bevölkerung hat noch nie oder so gut wie nie darin gelesen. Von allen Superlativen ist das der traurigste – ein Weltbestseller ohne Leser. In der Bibel – vom griechischen *biblíon*, „Buchrolle" – sind nach jüdischer und christlicher Auffassung die heiligen Schriften als Kanon über Gottes Heilswirken versammelt. Das hebräische Alte Testament umfasst die Geschichtsbücher, Lehrbücher und Psalmen sowie die Prophetenberichte. Es handelt vom Bündnis Gottes mit dem Volk Israel und gilt im Judentum als die einzige Offenbarungsquelle. Das griechische

Neue Testament schildert Leben und Lehren Jesu, es enthält die Apostelbriefe und die Geschichte der frühen Christengemeinde. Hier wird der Bund Gottes allen Menschen angeboten, zu denen die frohe Botschaft – das Evangelium – dringt. Anfangs konnte die Bibel nur in Hebräisch und Griechisch gelesen werden, bald auch in Latein, Syrisch und Gotisch. Martin Luther übersetzte die Bibel als erster umfassend ins Neuhochdeutsche und machte sie damit einer breiten Bevölkerung zugänglich. Kraftvoll und bildreich schrieb er die Bibel und schuf ein literarisches Kunstwerk höchsten Ranges. Die 1454 noch in lateinischer Sprache fertiggestellte Gutenberg-Bibel, ein 20 Kilogramm schweres Pergamentwerk, gilt als „das schönste Buch der Welt".

Doch was nützt ihm alle Schönheit, wenn es für die meisten Menschen „ein Buch mit sieben Siegeln" bleibt? Unsere Alltagssprache ist zwar angefüllt mit Redensarten aus der Bibel, wir benutzen sie „wie Sand am Meer", kennen jedoch ihre Herkunft nicht und „tappen im Dunkeln". Doch „es geschehen noch

Zeichen und Wunder", machen wir also „dem Schrecken ein Ende" und öffnen das „Buch mit sieben Siegeln", dann hat die „liebe Seele Ruh".

Ein Buch mit sieben Siegeln ist laut der Bibel selbst ein Wissensbericht, der zunächst unzugänglich ist. In der Offenbarung des Johannes sieht der Seher eine Buchrolle, die mit sieben Siegeln versiegelt ist. Er weint vor Enttäuschung, weil ihm der Inhalt des Buches verborgen bleibt. Doch dann werden nacheinander die Siegel geöffnet und damit die künftigen Geschehnisse, die der Endzeit vorausgehen, enthüllt. Spannend, bildreich, geheimnisvoll und wunderbar ist dieses Buch mit sieben Siegeln, aber mehr soll nicht verraten werden, denn so steht es schon in der Bibel geschrieben: „Nur wer suchet, der findet."

Inhaltsverzeichnis

Vorwort 5

Alle Jubeljahre einmal 7

Als Lückenbüßer herhalten 10

Alt wie Methusalem 13

Auge um Auge, Zahn um Zahn 17

Aus seinem Herzen keine Mördergrube machen 20

Das Land, wo Milch und Honig fließen 23

Das Salz der Erde 27

Den Seinen gibt's der Herr im Schlaf 30

Der Stein des Anstoßes 33

Den Teufel mit dem Beelzebub austreiben 36

Der Kelch möge vorüberziehen 39

Der Tanz um das goldene Kalb 42

Der wahre Jakob 46

Eher geht ein Kamel durch ein Nadelöhr 49

Ein Dorn im Auge sein 52
Ein ellenlanger Brief 55
Eine Hiobsbotschaft 58
Einen Denkzettel geben 62
Für ein Linsengericht 65
In Sack und Asche gehen 69
Keine Mätzchen machen 72
Mit seinen Pfunden wuchern 75
Nach uns die Sintflut 78
Perlen vor die Säue werfen 81
Schwerter zu Pflugscharen 84
Sein Licht nicht unter den Scheffel stellen 87
Tohuwabohu 91
Unter aller Kanone 94
Unter die Fittiche nehmen 97
Von Pontius zu Pilatus 100
Wie ein Ölgötze 103
Wie Schuppen von den Augen fallen 106
Zum Sündenbock machen 109
Ein Buch mit sieben Siegeln 114